なるほど納得！ザ 外食物語

村本信幸

幸 書 房

はじめに

二〇〇三年に二五年余り勤めた（株）すかいらーくを退職し、日本の食生活を大きく変えたといってもよい外食産業のことを少しまとめてみようと思いました。

はじめに（株）すかいらーくとの出会いですが、大学三年生の秋、紡績会社の奨学金に応募し、その関係で社会人としての第一歩は、紡績会社でした。中央研究所に九年勤務した後、東京支店総務部に配属となり中央官庁との折衝担当者になりました。特許や各種の申請業務や、会社からの報告事項を届ける業務です。しかしこの総務部には、会社の特命事項を受けて、社内秘で調査を行っている者が数名いて、私もその一員で、特命事項は将来発生する技術の探索でした。三十三歳でしたが、費用は社長交際費で、行き先も目的も届ける必要はありませんでした。今でいうブラブラ社員です。

この時、企業買収を仕掛ける仕事をしている人と懇意になりました。その方が、紡績会社の労働組合の中央執行委員を長くしていた経験から、外食企業で最初に労働組合ができる（株）すかいらーくにゼンセン同盟の依頼で、移籍することになりました。

彼が移籍の挨拶に（株）すかいらーくへ行った翌日、沈着冷静と思っていた彼が興奮した口調で、「移籍する会社の経営者は五年で、その時の店舗十九店を、三百店にすると言っており、社員はそれを信じて働いている」と言ったのです。私は「何じゃ。それは」と絶句。しかし、彼は、経営者の話しを聴いていて「違和感を感じなかった」と言うのです。私は早速取材に行きました。そして、ミイラ取りがミイラになり、私も（株）すかいらーくに転籍しました。

（株）すかいらーくでの仕事も、その時々の社内問題の他に、新規事業の評価や、官庁への届け出の仕方を探索することでしたが、最初の大きな仕事は株式の公開に向けての準備でした。そして、それ以後、沢山の「これは何だ」と思うことに遭遇しました。

全く新しい産業が立ち上がっていくというのは、常識では図れないすごいパワーと、旧弊にとらわれない自由な発想と行動基準が生まれるものだということを目の当たりにしました。

例えば、（株）すかいらーくに転籍しておどろいたのは、社員のモラルの高さと創業四兄弟の社員を思いやる気持ちでした。また、業界全体でいえば、自分たちの業種のことを、（株）すかいらーくの人達も、社団法人日本フードサービス協会の会員のほぼ全員が、飲食業をサービス業と思っていることです。その何処が「おどろくか」ということについてはそれぞれのところでご覧下さい。

（株）すかいらーくは、米国のチェーンレストランを手本としたことや、その後ジョナサンの手本としようとしたところが同じく米国コーヒーショップ・サンボスであったため、米国事情も本書の味付けに加えました。

また、社団法人日本食品流通システム協会の仕事を通じて中華人民共和国の食品流通の改善に協力してきましたが、中国に行く機会もありましたので、その時に考えたことも付け加えました。

米国や中国という異文化にふれることで、自国の食文化や習慣を考える上で、おどろくと同時に考える視点・視野が広がったことを感じます。これからの若い人にも機会があれば是非海外や異文化、そして日本の歴史について興味を持ってもらいたいと思います。


二〇〇六年九月十九日に（株）すかいらーくは、次の成長戦略を展開する準備ということで東証一部上場を廃止しました。陣頭指揮には一旦退いた横川竟氏を会長兼ＣＥＯとして二〇〇八年からの成長路線への転換を目指しているようです。

景気の上向きと共に、外食産業の景気も持ち直しているようです。立ち入ったことにはふれられませんでしたが、一九七〇年にすかいらーく国立一号店が誕生してから三十六年。日本の食生活スタイルをリードした外食の原動力を、外食サービスに携わる方や外食に関心のある方に、本書を通してすこしでもお伝えできれば幸いです。

二〇〇六年一〇月

村本信幸

目　次

チェーンストアと外食業界……85

レストラン業 センスアップ……111

すかいらーく事始め

すかいらーく　事始め

株式会社すかいらーくの前身、有限会社ことぶき食品の創業は一九六二年四月四日です。私がすかいらーくと最初に関わりを持ったのは、一九七七年九月です。当時私は東洋紡績に籍を置いていました。肩書こそは「未来技術探索担当」社員ということでしたがいうなれば「ブラブラ」社員です。全繊同盟系の労働組合の知り合いの元中央執行委員が、飲食業で初めて労働組合が結成されるすかいらーくに、労使双方の補佐役として移籍することになっていたので、その取材に行ったのがはじまりです。そこで、創業四兄弟から、熱い想いを、切々と聞かされたのです。

この四人が過去の話を口にしたのは、一九八〇年頃までで、それ以降はほとんどありません。恐らく一九七八年に株式を公開したので、混乱を起こす可能性のある事は一切口外しないようにしたものと思われます。ただし成功者としての講演の依頼が有れば、物語的に脚色してその体験談を語っていました。したがって、ここでの話は、伝聞と、私の記憶だけで構成した、信

憑性に関しては頼りないものです。
彼らの父親の横川正二氏は、諏訪で中学校の代用教員をしていました。一九四一年に妻と子供と生徒を引き連れて、満蒙開拓団を結成し、満州牡丹江《ぼたんこう》付近に入植しますが、一九四四年に発疹チフスと過労で病死しています。敗戦前だったので、母子六人は諏訪へ帰国できたのですが、もう半年父親が生きていたら、五人の兄弟は残留孤児になっていたかもしれません。
その後一家は敗戦後の苦しい一時期を過すことになります。一九四七年には長男が中学校を五年生で中退し、現地の会社に就職します。家計を助けるためです。あと数か月で中学卒業です。教師と友人は卒業するように説得したそうですが、生活費のためには止むを得ない選択でした。
そして、次男は、翌一九四八年に母親の腹違いの姉夫婦の所に口減らしとして養子に出されます。そこで高校卒業後一〇年間五反の農地を耕すことになります。三男は新制中学校卒業と同時に築地の問屋に住み込み就職です。四男は新制高校を卒業して小田急電鉄に就職しました。その年の一九六〇年に、次男の発案で将来四人で事業を興す事を誓い合います。

その時の計画は、当面の目標として二年間で事業の元手を各自二十五万円貯蓄するというものでした。当時の流行歌に大卒初任給は「一万三千八百円」と歌われていますので、当時の二十五万円は今の価値で四百万円くらいです。

長男は退職金と親類からの縁切金をあてにし、次男は養子先に都合してもらえるとしても（実際は海苔問屋に勤めて貯めていました）、高卒、中卒で数年後の若者が二年で用意するのですから並大抵ではありません。三男は住み込み先を脱走して、長距離運転手になり毎月三万円程度の収入を得、四男は正規の勤務終了後、深夜までバーテンダーをしていました。そしてある時、三男が四男の部屋を訪ねたら、部屋の中で倒れていたと言います。わけを聞くと、一週間ほとんど何も食べていないということです。そうです、貯蓄は貯めるだけではなく、使ってはいけないのです。四男は食べる物も食べないで貯蓄に回していたのです。

そのような辛酸をなめながら、始める事業の内容が決まってきました。それは、食品乾物屋です。理由は単純で「食べ物には買い控えがないので、毎日売れるだろう」ということでした。当時は電気冷蔵庫普及前でした。

商品相場で当てたり、親類から借金したりで、当時の金で三百八十万円（現在の六千万円程度）の資金を用意しました。しかし、この程度の資金では新規開店は無理で、田無農協からの融資を受けて、ひばりケ丘団地（後の〝すかいらーく〟の社名はここの団地の名に由来しています）の横のマーケットの一部に出店したのです。公《おおやけ》には「団地の若いセンスの良い夫人相手に商売をした」となっていますが、よくよく聞き出すと、この貸店舗は半年以内に必ず閉店するという、曰《いわ》く付《つ》きの店舗だったのです。閉店のままではマーケットの活性が落ちますので、敷金・家賃とも破格に安い値段で店を開くことができたようです。四人の資金では、この幽霊店舗以外開業できる物件はなかったと言えます。

それでも、四人はワイシャツにネクタイをして、早朝から深夜まで熱心に働き繁盛店にしました。田無農協はその働きぶりを見て、以後の出店の資金調達には希望額での融資に応じたそうです。ワイシャツにネクタイの販売員は当時いませんでしたので、大変珍しがられたようです。現在も、すかいらーく店舗への出勤は、スーツとネクタイ着用になっています。

レストランへ切羽詰った〝幸運な〟転身

創業四兄弟は朝は早くから開店し、夜はお客様が来なくなる深夜まで、閉めませんでした。朝は来客が少ないので店先だけでなく、マーケット全体の店先を掃除して、ご近所への不義理の償いをしていたそうです。不義理とは、マーケットの役員は受けないし、集会にも参加していなかったそうで、理由は、お客様対応を第一として、それ意外には時間を使用しない事にしていたからです。その代わりに毎朝の清掃と、福引きの分担金は割当の三倍応じる条件で見逃してもらったそうです。

商売繁盛で七号店まで出店しました。しかし、東京では従業員募集に応じる人は無く、諏訪から連れて来ていました。極貧の四人を相手にする人はいませんでした。それで、四人は心から、協力してくれる人には感謝の気持ちで接しました。

この四人は、従業員を罰したり、解雇する気持ちは微塵も持ってはいません。もちろん事業を続けていれば、心得違いの従業員もいます。会社の役職者や子会社の社長の中には、保証書

に何枚も判を押したり、現金を横領したり、事業の失敗を数年ウソの報告で誤魔化したり、酔って従業員を殴ったりした者もいました。しかし、四人の考えは、「この者に事業をさせた自分達が悪かった」で、刑事告訴の必要な不正は告訴しますが、大抵は役職解任までで、それ以上の処分はしていません。役職解任も、四人で決定しても、発令は一年以上後で、周囲の人に引責解職が判らないように配慮していました。
そして、それでも会社に留まった者は、再び役職に就けていました。解雇して違う人物を採用しても、後任が前任より優れている保証は何もないのです。確率的には悪くなるのです。それならば、協力してくれる意志のある人に続けて働いてもらう方が得ということになります。
さて、七店も店を開いていくうちに従業員は三〇名になります。ほとんどが長野出身者で、寮生活でした。毎朝寮で、スーツとタイ姿で朝礼をして、その姿で各店に出勤させていました。一見順調満帆でした。

しかし、一九六七年になると、チェーンストア理論で武装した「西友」が三多摩に出店を開始したのです。ことぶき食品では、乳幼児用のシラスは少量の計り売りにも応じ、対面販売の良い部分を積極的に採用していました。最初に西友を見た時は、レジにしか販売員はおらず、サービスの悪い店と思ったそうです。しかし、近所に西友が開店するとどの店も、客は少なくなり、半年で売上は半減。それまでのお得意様がことぶき食品の前を避けて通ったほど、西友は歓迎されたそうです。倒産は目前です。四兄弟だけならばなんとかしのげます。しかし、その時は三〇人の従業員の生活にも責任がありました。そして西友が、チェーンストア理論で店舗展開をしている事を知り、転業の決意を固めます。

後日、この転業を評して四人は「運が良かった」と言っています。従業員が百名を越えていたら転業は出来なかったとも言っています。そして、次に選んだものがレストラン業でしたがこの時期にレストランに転業しないと、その後の我が国のレストランブームには乗れなかったと言えます。

この苦境を乗り切って一九七八年には株式を公開するまでに成長しました。しかし、苦しい当時を知る社員はほとんどおらず、残っていた数名も二人をのぞいて昭和の年代で辞職しています。会社が組織的に運営されると、小商店ことぶき食品で働いていた人達には、対処方法が判らなかったのでしょう。四人は苦しい時に協力してくれた人達には、心から処遇しています。

一九七八年では残っている人には課長・部長の給料です。管理職としての仕事ではなく、台車の整理係でも高給で処遇していました。一九六五年にこの人達の協力がなければ、東証一部上場会社には成長出来なかったことを四人は決して忘れることはありませんでした。

さて、すかいらーく開店の前々年の一九六八年に、四人はアメリカのチェーンレストランの視察に出かけています。しかし、倒産寸前のことぶき食品からは渡航費は出せず、それぞれの借金で出かけたのです。これ以降、四人の海外出張は全て自費にしています。東証一部に昇格する時に、証券関係者から、「交際費ゼロではかえって疑われる」と指摘されて、年間一千万円計上しましたが、この金額では次男一人で使っても三か月で不足する金額です。結局四人は引退するまで、渡航費と交際費は自費で通しました。会社に交際費の規定はありますが、創業の四人が使わないので、結局誰も使うことはなかったようです。頑《かたく》なまでのこの姿勢は、四人の原体験《げんたいけん》と企業理念にあります。

満州から帰国した兄弟は、日本の景色の美しさを体験し、そして、決意したことは、「日本国のために役立つように生きること」、事業を始めてからは、「一円でも多く法人税を納める」ことを日々の目標としたのです。だから、渡航費も交際費も会社の金は使わないのです。

とにかくよく働く集団　すかいらーく

すかいらーくの従業員はとにかくよく働きます。モチベーションが高いのです。

一九七七年夏、高幡不動店で働いていた女子短大のアルバイトの娘さんは、木板と鉄板に乗ったアツアツのハンバーグとライスを七人前同時に運んでいました。かなりの重量です。この夏のすかいらーくもよく売れていました。下処理した材料を加工場から配送するのですが、どの店も午後七時過ぎには、スパゲッティと米以外の食材は尽きていました。食材のある限り、出来るだけ速くお客様に料理を届けるために、アルバイトを含め、身を粉にして働いていました。

加工場の作業も大車輪です。仕込み時間が少しづつ早くなり、ついに、操業開始は午前五時、そして終業は真夜中の十二時過ぎで四〇店舗を支えました。一九七七年十二月に埼玉県東松山市に三百店舗対応の加工場が完成するまで、約半年間の全社一丸の奮闘でした。

新加工場完成直後の仕分け室は、草野球も出来るくらい広く感じられましたが、この時の店舗七〇店弱、翌年の一九七八年十二月は百三〇店を越え、一九七九年の正月三日間の食材保管が

出来ない見通しとなり、二か月強の短期間で千五百パレットの立体自動倉庫を前年の十二月に増設し、正月営業に備えました。

このような、従業員の真摯な労働意欲に創業者四人も積極的に応えました。その例が未公開株の従業員への配賦や月一回でしたが週休二日制の導入でした。そして、飲食業初の労働組合もこうした中で結成されたのです。結成を発案した伊東康孝氏は、労働組合結成の動機をこう語っています。

「一九七六年冬と翌年夏の賞与は百万円以上で、札束が立った。良く働いた結果の評価だが、やはり、働く者全員が出来るだけ均一な報酬を得るべきだ。その交渉を創業者と行うには労働組合結成しかなかった」。つまり、伊東康孝氏は、自分の収入増加を一時押さえても、働く者全員のモチベーション向上の方が大切と判断していたのです。このようによく働く土壌はいまも続いています。

しかし、よく働くことも行き過ぎると問題を引き起こします。昭和五〇年代の後半に社団法人ソフト化経済センターが設立されて、すかいらーくからも職員を派遣していました。後に執行役員を経験するXの派遣が決まった後面談するとかなり情緒不安定でした。数か月かけて面談してわかったことは、勤務評価が落ちたということでした。彼はすかいらーくに入社して以来勤務評価は最高でしたがここ二回は六段階評価の二番目の評価だということでした。そのことで本人はすっかり落ち込みますます会社人間となり、ついには配偶者の両親と折り合いが悪くなっていたのです。

すかいらーくでは、レストラン営業と直接関係しない業務は別会社としてそれぞれの本業で勤務査定をしています。しかし、本業では、店舗運営に直接関わっていない職種では事実上無評価で六段階評価の四番目と五番目の賞与支給にしています。したがってこのXも二年間は四番目であり、派遣終了後も管理の仕事につくので、賞与評価はこの時以後下から四番目に固定となる事を説明して、少なくとも派遣中は、子供を含めた家族との時間を積極的に取るように勧めたら、半年しないうちに義父との蟠《わだかま》りも消えたそうです。

一九九〇年に、子会社に在籍するYが余命半年の難病にかかっていました。大腸の内壁が融けて下血する病気です。これは免疫機能不全による自己消化です。本人と面談して二つ勧告しました。一つは職場でのストレスを緩和するために、出世欲放棄と人より良く働く達成感の放棄で、もう一つは、可能であれば離婚する事でした。現実には、Yはこの時点で離婚していました。そして、二年後子会社の役員になり、死亡宣告から十四年経過した現在は専務取締役をしています。

子会社のジョナサンを立ち上げている時、右手が上にあがらない症状がZに出ました。店舗は幕張にあり、本人は横浜市に住んでいました。通勤は乗用車でしたが、運転中には違和感がないそうで、下車してから腕が痛くて上がらないというのです。経歴を調べるとすかいらーく入社以後ここのスーパーバイザーAと、多少の時間差はありますが、勤務店舗が同一でした。Aの評価は高かったので、Zもそれを目指して頑張っていました。Aは尊敬に値するのがZの価値観でした。しかし、本心は仕事が良くできるAは見たくない、しかし、目指さなければ成らない、でも能力はない、が現実でした。ZにAが嫌いである事を自覚させたら、腕の痛みは消えました。しかし、現実を直視したZは退職しました。

またある子会社の店長は勤務評価が高くナンバー1店長の表彰を受けました。その後その店舗でちょっとした事故が発生し、その直後から、夜中、夢遊病状態で店のなかを徘徊しだしました。営業の上司が奥さんを交えて面談したら、この店長は高卒でした。仕事で大卒に負けるのが嫌で、入社以来勤務に精励してきたのです。そして、ナンバー1店長になり、当面の目標が消えて、放心状態になったのです。その後自分の心が判り、直ぐに立ち直り、現在もこの店長は子会社のトップクラス店長を続けています。

孫には勝てず"いま"常連も出店前は反対運動

一九七五年以降関東郊外にすかいらーく、デニーズ、不二家ロードサイドレストラン、そして、一九七七年以降はロイヤルホストが沢山の出店をしています。その中でも出店スピードが速いすかいらーくがファミリーレストランの代名詞として使用されていました。しかし、一九七〇年開業のすかいらーく国立一号店の客単価は現在より高い千円位でした。現在の物価から見ると三千円位になり、普通のレストランでした。しかし、一九七三年に発生したオイルショックで、約五年間で物価は倍になりました。そのような中すかいらーくは一九七四年から一九七八年まで価格凍結宣言の幟《のぼり》を全店に掲げていました。つまり、販売価格は同じで仕入れ値が倍になったのです。社内合理化をしないと、倒産です。見方を変えますと、五年間で販売価格を半値にしたのと同じです。合理化にあたっては最新技術を積極的に取り入れました。一九七七年には全店にファクシミリを配備していました。現在普及している、ハンディーターミナルによる受注システムはすかいらーくが開発を依頼したものです。専用回線でなく一般回

線によるオンラインを電電公社（現ＮＴＴ）と組み上げたのもすかいらーくです。

それはさておき、一九七七年の各家庭の経済力でも、一家揃ってすかいらーくで食事をする事は可能でした。つまり家族揃って定期的に食事をするには一般のレストランは高すぎたのです。すかいらーくは特に幼稚園児に人気があり、送迎バスがすかいらーくの前を通過する時、園児がすかいらーくの店舗を見るためにバスの片側に寄り、バスが転倒する危険があると言って、送迎バスはすかいらーくの前を避けて運行したというほどでした。

一九七九年頃、不二家ロードサイドレストランが浦和の商店街の外れに出店しようとした時、商店街の中の飲食店が、出店反対を唱えました。当然に商店街の組合も反対で結束です。組合長の方が孫を連れて、商店街の中の飲食店で食事をして、家に戻ると、孫は「ただいま、今すかいらーくに行ってきた」と言って、両親に外食した事を報告したそうです。

つまり、外で食事をするということを園児は「すかいらーくに行く」と表現していたのです。商店街の組合はファミリーレストラン出店を拒めば、自分達の孫から怨みを買うと思ってか、終夜営業の反対と定休日を設定するようにとの、条件闘争に方向を転換しました。そして、すかいらーく××店は出店条件として特別販売・イベントの禁止を受け入れて出店したわけですがそれ以降、すかいらーくのイベントや販売促進には「××店を除く」と注記されています。

気持ちは理解出来るのですがこのような事もありました。店舗の工事に掛かると隣接したお宅から出店反対の抗議を受け、時間をかけて納得して頂きました。そして、開店前の試食会に招待すると出店反対にかかわらず参加して頂けました。そして、その後は店の常連になって頂いていています。正に「愛されて・妬まれるレストラン」なのですね。

すかいらーく発 大人のお子様ランチ

すかいらーく 事始め

一九七〇年にレストランすかいらーくが開業して六年ほど経過した時、料理関係出版社の雑誌に、「すかいらーくの料理は料理ではない」と酷評されたことがあります。すかいらーくの店舗が二桁になり、話題性を持ち始めた時のことです。

すかいらーくのメニューの中でディープフライ（日本でいうフライ。米語でフライは炒め物の事）の付け合わせ野菜は冷製サラダで、フライ物は冷製サラダの上に盛りつけられていました。ハンバーグと海老フライの料理は、カットレタスにサウザンドレッシングかけとカットトマトと冷製ポテトサラダ、カットレモン、ハンバーグ・デミグラスソース、海老フライ・タルタルソース添えになっています。つまり冷たい料理に熱い料理を重ねていたのです。冷たい料理は生暖かく、熱い料理は温度を下げて提供していたのです。

料理の基本は温かい料理は温かく、冷たい料理は冷たく提供することです。料理の専門雑誌社としては、一言もの申さざる得なかったのでしょう。しかし、一九七八年にすかいらーくが百店を超えた頃からはこの議論は表に出なくなりました。百店以上出店していた店はすかいらーくとマクドナルドだけでした。国民が支持している料理を、専門家然として批判をすれば、批評者が大衆から見放されます。それに一九八〇年になると日本の自称ファミリーレストランは、ほとんどの店で冷製ヤサイの付け合わせフライ料理を導入したのです。ファミリーレストランのこのメニューでは、「温かいものは温かく、冷たいものは冷たく」という日本料理の常識は影を潜めたのです。

では、冷製ヤサイと温かい料理の組み合わせは他にないのでしょうか。ありました。終戦直前に聚楽と合併した、個人商店の須田町食堂の合《あ》いの子皿は、キャベツの線切りにコロッケとイカのフライを盛り付けたものです。須田町食堂は大正末期から第二次世界大戦直後まで営業していました。一九四三年頃は東京と横浜を中心に約九〇事業所を経営していました。その前はないかと捜しましたら在りました。トンカツにキャベツの線切りの料理です。銀座三丁目の洋食店煉瓦《れんが》亭です。

お店の話、伝承では、トンカツは最初は温野菜を付け合わせにしていたのですが、日露戦争が激しくなり、調理人が次々と徴兵されて店は人手不足になり、温野菜を作っている時間が取れなくなり、間に合わせでキャベツの線切りで提供したところ、評判が良かったので、キャベツカットのままにしているとのことでした。

煉瓦亭とは別に、先代が大正時代にトンカツを発明したという店が浅草と御徒町《おかちまち》にありましたが、明治時代という古い話と徴兵により偶然出来たと見る方が自然のようです。何故なら平常時にこのような業界の常識破りの料理を考える料理人はいないと思います。

聚楽の社史「聚楽五十年のあゆみ」(一九七四年十一月)には「お客様は少ない予算で、サラダもコロッケもイカフライも食べたいのです」と記載されていました。店主加藤清二郎氏が料理人であったかどうかは判りませんが、右手に包丁、左手に十露盤《そろばん》、料理は美味しく、かつ利益は大きくの精神の持ち主だったようです。

さて、レストランすかいらーくのレタスサラダとディープフライの組み合わせはどのようにして出来たのでしょう。この料理を作った時は、経営者も商品開発者も調理の訓練を受けた者がいませんでした。そして、最初はキャベツの線切りを考えたようですが、キャベツは堅く、噛《か》んでいる間に口が疲れるので代替食材を捜したのです。軟らかくて、当時消費量が僅かなレタスが見つかり、キャベツより高級感がするので採用したとのことです。

すかいらーくの目標はホテルの料理を半額以下で提供することでした。一九七〇年は日本経済が復興したとは言え、多くの家族はホテルでの食事を経験する機会がすくなかったのです。一九七五年のレストランすかいらーくは、「ホテルの料理をホテル同様な接客を受け」て、「親子四人で二千円以下」というのが商品設計の基本でした。この二千円以下は直ぐに三千円以下に修正されました。二千円で四人の食事は出来るのですが、実際はお客様はもっと多く注文されました。しかし、お客様は少ない予算でレタスサラダもハンバーグも海老フライも食べたいのです。これを私は「大人のお子様ランチ」と呼んでいます。お子様ランチは三越日本橋本店の発明品です。お子様ランチは料理盛りつけの基本よりも、利用者に喜んでいただくのが目的です。

大衆レストランとは言え、料理の基本を守るべきと、冷たい料理と温かい料理は、決して触れないように盛り付ける努力をしていた航空会社系列のレストランも在りました。このレストランは武蔵野市に三百ｍも離れていない距離に二店続けて開店したのですが出店の意気込とは裏腹に、大衆は盛りつけを愛《め》でる余裕がなかったのでしょう。不格好でも「大人のお子様ランチ」の方に軍配はあがったのです。航空会社系列のレストランは全店撤収しました。

食べものの味は？ 売れるが勝!!

すかいらーくの子会社フロジャポンというフランス料理製造販売の本社で、やはりすかいらーくの子会社でアメリカでレッドロビンというレストランを経営しているCEO（Chief Exective Officer）社長と話しをしていたら、フランス語の翻訳などをお願いしていた日本外交官の奥さんが、電話の受話器を耳に当てながら、机の下に潜ってしまいました。そして、電話を切って「すかいらーくの人はどうしてこんなに大声を出す人ばかりなの」と叫びました。私たちの声で受話器の音声が聞こえなかったのです。ＣＥＯは一言。「声の小さい者は店で役に立たない」声が大きい者が勝ち。この部分は冗談です。しかし、レストラン従事者が大声を出すのは本当です。

レストランすかいらーくは一九七〇年一号店からピザを販売しています。一九七〇年以前から、数店のピザ専門店が存在していた事は確かですが、日本人のほとんどの方は、レストランすかいらーくで食べたピザが、初めてのピザだったのです。しかも、一九七八年には百店、一九八一年には三百店になっています。この四〜五年の期間で関東の人はピザを知ったのです。つまり、関東人にとってピザはレストランすかいらーくのピザなのです。

しかし、外国人はグレージーと表現していました。世界のピザと比較して軟らかったのです。これは、具・トッピングに野菜を入れていたからです。この一九七〇年代にパリパリのピザを食べると口の中が切れる感じがしたものです。一九八五年ドミノピザ開店以降は宅配ピザを含めてイタリアやアメリカのピザが日本でパリパリドウのピザ店を展開していますが、居酒屋新撰組のピザにレタスが入っているように、日本人にはすかいらーくのピザがピザなのです。

次にスパゲッティです。スパゲッティ料理もピザと同じように日本人の、特に関東人の多くの人とっては、すかいらーくの味が、スパゲッティなのです。一九八〇年にコーヒーショップ・ジョナサンにスパゲッティを導入するために、有楽町のガード下のスパゲッティ専門店サン・レモで教えを乞いました。チーフシェフは四〇種類くらいのスパゲッティ料理を展示して、教えてくれました。そして、途中で涙をボロボロ流して泣き出したのです。このお店はその時も現在も繁盛店です。しかし、開店から一〇年間ほど営業不振で、努力に努力を重ねて繁盛店にしたのです。そして、一年間に三回程度の頻度でイタリアへ味の確認に行っておられたのです。その努力に対して「お客様はすかいらーくのスパゲッティを食べられるのです。私は何をしているのでしょうか。」と万感胸に迫って涙したものです。

一九七七年の夏はすかいらーくはどの店も、超繁盛していました、夕刻には、食材は毎日ほとんど底を尽き、米の他には唯一残っていたスパゲッティを茹でて缶詰のソースを掛けていたのです。セントラルキッチンの許容をかなり超えていました。この時はまだ食品メーカーはレストラン仕様の商品は作ってくれませんでした。レストランでは腕の良い料理人が作る料理かどうかは別にしてよく売れている料理の方がよいものなのです。サン・レモのシェフの気持ちとは別に、声が大きい者が、沢山売っている者がこの業界では勝ちなのです。

パンケーキは日本のレストランでは一九七九年当時ほとんど扱っていませんでした。私が試作をしていた所、日本で著名なフランス料理のグランドシェフが、帝国ホテルのパンケーキを試食する事を進めて下さいました。食べますと、パンケーキではなく甘め控えめのホットケーキでした。アメリカのパンケーキに甘味料は入っていません。最初に味を普及した帝国ホテルの勝ちです。その後アイホップなどアメリカ型パンケーキを提供するレストランが出店していますが、人気は今一つです。

コーヒーショップ・ジョナサンのメニューにワッフルがありました。実はワッフルを、私はアメリカ占領軍の家族が日本に持ち込んだワッフル焼き器で一九五〇年頃焼いて食べたことがあります。しかし、多くの日本人は、デザートでないワッフルを、とくに若い方はジョナサンで始めて食べられたようで、パンケーキとは違いかなりの人気商品でした。しかし、アメリカで使用されていた焼き器に塗る離型油には、日本で食品に使用することが許されていない成分が入っていたのです。焼き器は直ぐに焦げ付き、営業不能に陥り、メニューは中止になりました。レストランすかいらーく発のメニューで、**最大ヒット**は、レタスサラダに海老フライやハンバーグを盛り付けた「**大人のお子様ランチ**」でした。

逆に正統派気取りでマイナーに走っていたのが、中華レストランバーミヤンで、このレストランの指導者は東京恵比寿中国料理学院の顧《こ》中正先生の末期のお弟子さんで、中国料理に日本原産のラーメンを入れる事を最後まで反対されていました。この方がバーミヤンを離れた後も、顧中正先生のお弟子さんに指導を受けていますが、その中の一人周富徳《しゅうとみとく》厨士務が「日本ではラーメンがない**中華料理店**は流行《はや》らない」と一言。現在はバーミヤンのラーメンは人気商品の一つです。

ファミレス大型配送車の受難

すかいらーくへ転職した後に、一週間配送車の運転台に乗って店舗巡りを行いました。目的の一つは立地の勉強であり、もう一つは出荷側の工場と受け手側の店舗とのトラブルになりそうな現象を肌で読み取り、トラブルの事前予測のためでした。

まず、車体は最大積載量四tのトラックですが、食材など運搬用の箱は空間も沢山あるために、荷台の長さは六tトラックと同じ長さでした。見た目は普通のトラックの大きさですが、運転免許は一種免許で運転できるトラックです。法律的には四tトラックですが、運転は完全に大型貨物車の技術が必要です。

店舗の設計は、お客様利用の駐車場には、心して設計していますが、運悪く、厨房がお客様駐車場側にない店舗は、まず、大型車をバックで敷地に進入させるのに大変な労力が必要です。店舗が面している道路は多くは片側一車線の五〜七mの生活道路です。ここでバックするには、進行方向とは反対の車線までトラックを斜めに配置しないとバックできないのです。生活道路でも上下線とも通行車両がなくなる瞬間はなかなかないのです。長い時は、通行車両が途絶えるのに三〇分以上も待つことがありました。その間運転手は緊張の連続です。そして、その店以降の店に、予定時間に間に合わないと、運転手は店の人に一方的に苦情を言われてしまうのです。

また、駐車場が路面よりも低い場合は、店舗の入り口は路面の高さに嵩上げしますが、駐車場は坂道をつくって出入りさせます。この坂道は段差一・五mで二〇m位の長さで、幅六mの坂道です。運転に不慣れな初心者や女性運転手には心理的恐怖があり、途中でのすれ違いをさける方もおられます。そして当然に配送車もこの坂道を使用するのですが、お客様に恐怖感を与えないように出入りする事は大変難しいのです。配送車は運転時間よりも、店舗の出入りに時間がかかっていました。

また、全店共通の問題は、車道から歩道を横切って店舗に車が進入できるように、歩道を車道の高さに切り下げる問題です。警察は切り下げの幅を最小にするため六m程度しか切り下げ幅の認可を出さないのです。切り下げ幅が狭いので、運転不慣れなお客様は戸惑います。ここからが問題点なのですがレストランすかいらーくでは敷地の境界に高さ一m位の煉瓦製花壇を設置しています。この狭い駐車場入り口に配置してある花壇に接触しないように大型車を運転をするのは大変気を遣います。大型貨物（プレートナンバー1）や大型乗用車（プレートナン

バー2）は、煉瓦製花壇との接触を避けるために、いわゆるファミリーレストランの駐車場に進入しないのです。

すかいらーくの店舗設計の関係者に煉瓦花壇の導入経緯を尋ねても、回答は明確でなく、むしろ偶然だったようです。デニーズはアメリカのデニーズが花壇を設置していましたので、アメリカ式でしょう。ロイヤルホストもアメリカのコックレス・チェーンレストランを昭和三〇年代後半から模索していたのでアメリカの方式を採ったのでしょう。レストランすかいらーくも、アメリカのサンボスやデニーズを手本にしていますので、無意識に真似たのでしょうが、当事者は明確には、煉瓦製花壇の導入目的を認識していなかったのです。煉瓦製花壇は、木を植える目的以外に、大型車入場拒否の効果があるのです。

昭和四〇年代は、戦後経済の復興により、バスで行楽地へ行くことが多くなっていました。主要道路に面した飲食店は駐車場を広く確保して、バスの行楽客の引き込みを図っていた時です。ドライブインです。一九七〇年のすかいらーく国立一号店開店時は、周囲には民家はほとんどなく、最初からバス進入拒否の営業を考えていた訳ではないようです。が、偶然に大型車進入拒否店ができてしまったのです。

埼玉県にうどんレストランチェーン、ラーメンレストランチェーンがあります。ここの駐車場は花壇も柵もありませんので大型貨物車も駐車しています。しかし、歩道と車道の境に眼をやりますと、歩道が駐車場の長さだけ破壊されています。トラックは（タイヤが大きいので）歩道の切り下げに関係なく、歩道に乗り上げることができるのです。トラックの重みで歩道が潰れているのです。トラックの運転手は歩道を壊してでも進入しますが、車体が煉瓦花壇に接触するのは嫌なのです。ここにはバスは停まっていません。低価格で商品を提供しているので、大勢で利用するレストランとしては、少し、日常過ぎるのです。ここの製麺所は近郊の学校給食用にうどんを作っています。より安く、より美味しいうどんの生産に励んでいるようです。しかし、行楽の途中で食べるには日常過ぎるのです。いったん、ファミリーレストランの駐車場には大型バスは入場しにくいというイメージが出来上がると、かりに、広い駐車場にしても、バスの運転手は、最初から、ファミリーレストランへの駐車は考えないようです。

すかいらーく株式公開前後と社員のモラル

すかいらーくへ転職して、最初の仕事は株式公開の手伝いでした。そして、最初に感じた事は、四人も従業員も人間として誠実に生きていて、他人に、疑念の目で見られる事が嫌いな集団であるということでした。余談になりますが、先ず四人は、少なくとも、（株）すかいらーくの役員になって以降、約三〇年間、三〇分間隔以内の短かさで、行動が記録されています。目的はスキャンダルに巻き込まれないように、完全な行動記録を残しているのです。もちろん誰でもが、この記録を見るようにはなっていません。秘書がスケジュールを完全に把握していて、何時何処で事故が発生しても、四人に直ちに報告できる事が表《おもて》の理由です。プライベートな時間を含めて全てです。伊藤園の本庄正則社長は「自分ならば息が詰まる生活」と表現しています。行動全てを記録に残すのですから、公的にも、私的にも潔癖に生きています。

話を戻しますが、最初の仕事は仕掛品の原価計算でした。経理処理は、加工場での購入材料、支払い費用などの合計が、店舗の何処かに出庫されているので、売上から、店舗の経費と加工場経費を除いたものが営業利益という単純なものでした。加工場内での物質の移動や、労働時間の使用状況の内訳を記録した帳票類は全くなかったのです。これでは加工費の計算は出来ません。少し横道にそれますが、このことは当時のすかいらーくの社員モラルの高さと深く関わっていました。

すかいらーくは一九七五年頃から株式公開を視野に入れていたようで、一九七六年に二名、一九七七年一三名、一九七八年二名のスカウト採用をしています。これは、四人兄弟を除くとほとんどの従業員が二十六歳未満で、証券会社が三〇歳台から四〇歳台の人を採用するように勧告したからです。仕事の能力が必要だった訳ではなくただ年齢構成補正が主眼です。しかも、株式公開以降一〇人に一、二人残ればよいという軽い気持ちの採用だったのです。このような人事を「使い捨て雑巾」とコンサルタントは表現しています。新規訓練費、教育費をかけずに減耗させるだけの従業員の意味です。しかし、子飼いの従業員は二十五歳以下ですから、四十歳になるまで十五年あり、当時の定年が五十五歳だったので、スカウトされた人が定年前に首になることはないので、反社会的な人事でもないのです。この十七名の内九名は定年もしくは間際まで在籍していました。

このスカウト採用で入社した者は、私と初期の日本マクドナルドに在籍経験がある者をのぞいてすかいらーく店舗経営や商品開発に係わった者はいません。立地担当と店舗建設と事務管

理職につきました。その事務管理職とすぐに摩擦が始まりました。加工場内の物品移動に伝票をつけて帳簿記入をさせて、経理業務が出来るようにしようとした時に、現場の従業員が「俺たちを信用していないから記録をつけるのだ」と猛反発している時でした。そして、この時、サーロインとテンダロイン併せて毎月一tの在庫不明が発生していました。それでも、**加工原価**を計算しないと、**株式の公開**はできないので、製造目標と出荷量から、何とか計算出来るようにして、若い人に計算を引継ぐところまでこぎつけました。そして、加工場内の作業を後から見ていて気が付いたのです。ハンバーグ用の肉の出庫が毎月一t少ないのです。それぞれの肉の製造担当者と話をすると、最近のロイン（肉塊）は歩留まりが悪く出庫された肉塊では必要量の製品ができないので、保管庫から勝手に持ち出して、加工して店舗へ出していたのです。そして、その切り取った肉の屑をハンバーグの製造担当者に渡していたのです。**全員善意で行動**しているので、伝票がな

くても、数か月前の物流が把握できたのです。他の会社では考えられないほどすからーくの従業員は倫理の高い仕事をしていました。

公開した株式は一九七八年九月には五千円になり千株で五百万円です。四人は従業員のためとして一九七七年四月入社以前の者に最低千株持たせていました（資金のない者には会社が融資して持たせました）。最高で三万株ほどでした。無償増資で一九八七年には株数は約七倍になり、株価は三千三百円だったので、千株は二千万円強になっていました。つまり、一九七七年の夏以降入社の者は〇円、一九七七年春は二千万円、最高六億円となり、格差が大きく、四人はあわてました。それ以降の子会社の株式上場の時は三百株を上限として、従業員に分けることにしました。株式公開直後、多くの株を持っている者に限定して株式の少量販売を黙認しました。すると安アパートに高級外国車が止まり、他の入居者が警察に通報して大騒動になりました。株は退職金の上積みにするように持株会からの引き出しを制限すると、会社を辞めてまでも売却する者がでてきました。株式を公開するとどこの会社でも起きる退社症候群です。そして、泡銭《あぶくぜに》は直ぐに消えるもので、ほとんどが不幸になります。

“今”は自分の目とアンテナで捕まえろ

コーヒーショップ・サンボスcoffee shop Sambo'sを導入するために一九七九年五月七日に子会社サンボス・ジャパンを設立しました。五月五日を創立記念日にするつもりでしたが、司法書士に日付の念押しをしなかったため、司法書士の都合で二日ずれてしまいました。届け日、登記日は、その役所の公務員が申請書類を受け取った日になるのです。私の失敗は、(株)藍屋と(株)バーミヤンで活かされ、共に設立日は一月一日でした。

サンボス・ジャパン創業の一人はすかいらーくの営業部長だったので、営業成績の良い店長六人をサンボスに移籍させました。すかいらーくの四人は、新店舗成功を希望していましたので、すかいらーくの精鋭がサンボスへ移る事には異議を唱えませんでしたが、後任の営業部長と営業部はかなり不満を持ったようです。

さて、すかいらーくの精鋭店長達は、直ぐにアメリカのサンボス店へ研修を受けに行きましたが、研修の途中で、サンボス社の経営陣が全て入れ替わり、サンボスのレストランコンセプトを受け取れない状況になり、フランチャイズ契約は白紙となりました。サンボスでの店舗研修は中止となり、帰国して、新たにコーヒーショップ・ジョナサンの開店準備にとりかかりました。

しかし、この精鋭店長達は「陸に上がったカッパ」で少しも精鋭とは思えません。どうしてかと考えてみると思いあたる節がありました。この精鋭店長たちは一九七六年の一〇店が一九七九年末約二百店と急激に店舗が膨張したときの店長で、パート・アルバイトの補充が間に合わない時期に、店舗営業を支えてきた人たちなのです。自ら休日返上、長時間残業を数年間行ってきたのです。会社は、休日出勤やサービス残業はさせない方針でしたが、この方針が裏目に出て、現場では報告なしで、休日出勤をするという習慣をつけさせてしまっていたのです。

数年、学生時代の友人とも会っていないし、新聞も読んでいなかったのです。このような生活を半年もすれば、時代に取り残された立派な無教養人です。三年も続けていれば、立派なバカです。

さっそく、全国紙新聞を毎日読むように言いました。そして、ジョナサンが三店舗開店した時点で、自己啓発に関する冊子を作り、世間並みの知識を維持する方法や考え方を示しました。二十四頁の冊子ですが、要点を披露します。

まず、教育とは、親が子供に独立生活できる手法を教える事で、教育は親しかできません。

鳥でも、ライオンでも親が教えるのです。他人がするのは訓練です。社内教育は有り得ません。社内訓練はあります。あなたの教養を維持、もしくは向上を他人はしてくれないのです。新聞を読み、本を読み（雑誌や漫画ではありません）、街を歩くのです。デパートやホットスポットにでかけ、なにか一つ以上自費で購入する努力を続けることです。そのためには、自分の休日は自分で護り、作っていかないとダメです。販売が忙しいので店にいるという発想は最悪です。

しかし、仕事と自分の目的達成を同時にすることは反対しません。例えば、レストラン専業会社を設立するので、会社のノウハウを人よりも速く沢山記憶する、というような場合です。レストラン経営のノウハウは沢山在ります。それを正確に速く覚えることを五年も続ければ会社にとっても、優良な従業員となります。この場合は、会社の要求と本人の目的の利害が一致しています。同様に、調理師免許を取ることも、個人の利益と会社の利益は一致しています。

目的と好奇心を持って、観察と記録を続けることが、考える営業になります。飛行機雲がでて何時間で雨になるとか、雨の日と売上の関係とか、トイレットペーパーの消耗と女性客の人数の関係とか、何かしら、好奇心を持って観察してみてください。

一九八五年頃サントリーの鳥居専務の話を聞きました。この方はマーケット協会の会長を務めた方ですが、「うちの役員に、マーケット調査の報告をする者がいる。マーケット調査よりも、実際に夜の六本木でサントリーのウィスキーがどのように飲まれているか観察する方がよっぽど販促に役に立つ」と言っておられました。

教科書は五〇年以上前の出来事です。本は数年前の事です。新聞は（事故や事件報道以外は）半年以前の内容です。現在、つまり〝今〟は自分の目で見るしか判りません。小売業のコンサルタントは、「過去一年間に、自費で、実家以外に、どれだけ遠距離に行ったかが、その人の好奇心・向学心の指標になる」と言っています。売上高向上はその人の好奇心の強さにあると言えます。

蛇足ですが、ジョナサン一号店開業の準備が忙しく、この精鋭店長達は、私の制止を振り切って、練馬高松店に隣接していた養豚所の二階に住み込んでしまいました。結果は寝る時間が更に減っただけです。職住接近しすぎは労働強化になります。してはいけません。

天才型人間発掘のむずかしさ

レストランすかいらーくに所属して「この業種のコンサルタント達が教えている内容は、学校教育でいうと小学校五年生はない」ということに吃驚《びっくり》し、そして、直ぐに自分の方の認識が間違っていることを自覚しました。そして、一時期文部科学省が推進していた「ゆとり学習」も、悪い物ではないと思っています。日常生活では加算《かさん》（足し算）と乗算《じょうざん》（掛け算）は頻繁に使用しますが、減算《げんざん》（引き算）はお釣りの計算程度に使用し、除算《じょざん》（割り算）は滅多に使用しません。割り勘の時、誰かがするか、計算機で行う程度です。いわんや、分数の計算や比例算、年利均等払いの計算に用いる級数などは、日常生活で個人個人が行うのは希《まれ》です。つまり、算数の学力は、日常生活には小学校三年生のレベルで充分なのです。漢字書き取りの能力は、小学校六年生のレベルで、日常生活では漢字を良く識っている人になります。五年生の書き取り問題集は多くの人が出来ないようです。

つまり、その方面の専門家でなければ、小学校四年生の学力があれば、日常生活に支障はないのです。レストランでも、売上分析などでもっと高度な数学を、広告媒体に難しい漢字や熟語を使用しますが、その担当者になって勉強しても良く、多くは専門家の助言を購入すれば済むことです。日本の学校教育では中学校の教科書までで、（教科書に記載されている内容は解釈が定説化している、五〇年より古い内容ですが）各方面ほとんど全ての専門的知識の入口の単語が書かれています。もちろん専門的内容は書いてありませんが、義務教育の教科書の単語に興味を持てば、高等学校に進学しなくても、（資金力は別として）努力で専門知識の取得ができるのです。義務教育教科書を全て理解することは不可能なほど、記載内容は多様で、高等なのです。

では何故、母親達は子供をせめて高等学校を、出来れば大学へ進学させるのでしょうか。それは、学歴があれば何とかなるかも知れないという幻覚です。信用は学歴に在るのではなく努力し続ける生活態度にあるのです。何故幻想に囚《とら》われているのでしょうか。それは大学の歴史に答えがあります。終戦まで日本には大学は帝国大学一つだけでした（東京にある帝国大学が東京帝国大学、京都の分校が京都帝国大学、全部で七か所に帝国大学がありました）。国立は他に師範学校（今の学芸大学）と高等師範学校（戦後の教育大学）がありましたが、私立の教育機関は専門学校でした。慶應義塾専門学校、明治専門学校と称していました。帝国大学の設置趣旨は高級官僚受験者養成です。高等文官養成ですので、現在の法学部と経済学部が帝国大

学の主流となります。この高等文官採用試験は学力が、国民の三％より上位でなければ、合格しない難関です。しかし、戦後、専門学校も大学と名乗り教育機関として同一であると法制定されると、母親は、戦前の帝国大学と専門学校の差を理解せずに、官庁の高等文官養成の訓練をさせようとしているのです。高等文官とは、吉田松陰《しょういん》が嫌いだった司会《しかい》型《かた》人間です。自分の意見を発言せずに、多くの人の意見を調整する伊藤博文初代総理大臣を吉田松陰は評価していなかったようです。しかし、（明治政府時代の感覚として）官僚のトップの総理大臣には司会型人間が就任したのです。

高等文官試験や東京大学入試は中国に存在していた科挙の制度に源流があります。中国では、政治機関の長は、何でも理解出来る聖人が勤めることになっています。科挙の試験は一週間かかっていました。そして、合格すると、直ちに各省のトップに就任しました。試験内容が高度なだけでなく、試験科目が多岐に亙っていたのです。司会型人間を捜すのには試験科目が多いことが大切なのです。

一方、天才型人間を捜すのには、試験科目を少なくすることです。東京工業大学の入学試験は事実上、数学、物理、化学の三教科だけです。東京芸術大学は一次試験という制度を導入し、所謂（いわゆる）常識問題合格者を採用するようになって以降、芸術の天才を輩出していないそうです。そして、東京大学も中途半端な入学試験を実施しています。一九六〇年代当たりまで、入学試験の科目は、国語・古文・漢文　数学　理科二教科、社会二教科、外国語の七科目でした。それが、現在はかなり減っているようです。これでは司会型人間を峻別《しゅんべつ》する機構が働き難くなっています。一九九〇年代初期の総理大臣が事務次官のポストを東大出身者で占めるのは良くないという趣旨の発言の結果です。

アメリカのモルガンスタンレー証券会社でアナリストとして勤務していた東大工学部卒の知人と一九八二年に東銀座のビクトリアステーションで食事をした時、彼はアメリカの雰囲気そのもののレストランが日本にできて、驚いていました。彼の私を呼び出した目的は「旧知のアメリカ人顧客に、日本企業は東大卒を大勢採用しているのに、独創的な商品が何故少ないのか」と質問されその答え探しでした。アメリカの企業ではハーバード大学卒など同一学校の卒業生を複数採用することは希です。私の答えは「東大卒は司会型人間で、どうすれば、沈んでいく船を長く浮かせるかの知識は持っているが、船の浮揚策を新規に作る訓練はしていない」でした。

努力の人への金メダル〝信用〟

信用とは何だろう。信用がある人、信用がない人の差は何だろう。バブル崩壊後日本は不況不況と騒いでいましたが、銀行の預金と郵便局の貯金の合計は一九九二年末が六百三十九兆円、二〇〇二年末が七百三十七兆円、そして、二〇〇三年五月末が七百四十七兆円になっています。一九九二年からの一〇年間は毎年十兆円、二〇〇三年になると、毎月二兆円の勢いで預貯金が増加していたのです。行き場のない金が金融機関に大量に滞留していたのです。当時マスコミは銀行の貸し渋りをさかんに言いたてていました。つまり金を借りられない事業者がたくさんいたということです。金融機関は金を貸して利鞘《りざや》を稼ぐのが仕事です。しかし、貸した金を返してくれない者には貸しません。つまり、金が借りられない事業者は金融機関からの信用がないのです。銀行が貸し渋っていると苦情を言っている事業者は自分で「私は銀行の信用がない」と公言しているのと同じです。

信用は努力し続ける者へ与えられる栄誉なのです。努力する者か、否かはその人の過去の生活態度から推定するのです。

これは一例ですが、旧帝国大学や東京工業大学、一橋大学などの卒業者の就職は比較的楽です。社会的に信用されているからです。これを学歴社会と批判的に見る人もいます。しかし、これは人の努力を評価出来ない者の偏見です。東京大学を卒業した者は、入学までに多くの者は五年以上一心不乱に勉強に励み、遊び惚《ほう》ける生活をしていなかったと推測して、その直向《ひたむ》きな努力を期待しての採用です。

レストランすかいらーくの創業者四名は乾物屋を始めた当時は日の出から夜十時頃までワイシャツにネクタイを着用して、毎日身を粉《こ》にして働き続けたそうです。レストランに転向するときも、熱心に事業への想いを語る兄弟に、現在で言う浮き貸しに近い状態でも、田無農協の現場責任者は不安なく融資したそうです。あれだけ熱意が在れば失敗は考えられないと言って融資したのです。オリンピックのメダリストも比較的容易に芸能界入りしています。メダリストは東大入試とは別の多大な努力と、訓練期間があったはずです。だから、その体力を利用した芸と、直向《ひたむ》きな努力を期待して、プロダクションのスタッフも自分の生活を賭けられるのです。もちろん、天分の能力で信用を得る人達も存在します。それも、過去数年間の作品が安定して高品質であったから信用されるのであり、天分だけでは信用はありません。優れた歌唱力の持ち主も、約束時間に遅れたり、日程を勝手にキャンセルした者は、社会から相手にされま

せん。
金融機関の信用を得る手段は、一つは安定した高品質の芸や商品を持っていることです。そして、無駄遣いや、浪費をしない生活を知って貰うことです。個人ですと、五年以上にわたって確実に預貯金を増加させることです。手取り年収四〇〇万円として毎年一二〇万円強の預貯金を積み上げる生活をすることです。この生活では浪費は無理です。ただ便利という理由で自家用車を購入している個人にも金融機関はあまり信用をおいていません。減価償却（買い換え費用）や税金や保険料で毎月六万円ほど浪費しているのです。これにガソリン代とレジャー費用がかかります。才能とか商品への投資にお金を使うことは別です。長年節約生活を続ければ、節約生活がその人の生活習慣になりますので、金融機関は数千万円融資してくれます。しかし、遺産相続などの一時金では数千万円の金を持っていても、金融機関は一銭も融資してくれません。そして何よりも事業者は浪費をしない経営を理

解して貰うことです。節税対策という浪費は信用を失います。高級乗用車は経営に不必要です。社員研修という海外旅行も大半は不要です。特に交際費と称して会社の費用で飲み食いをしている経営者は最低です。法人税を節税したと想っている金額と同額が、翌年の運営資金から消えていることを自覚していないのです。安定した高品質の芸や商品を持っていても、浪費経営が続けばやはり信用を失います。浪費経営でなくても時代遅れの商品製造販売では信用を得ることは無理です。生産性が低く人件費を充分支払えない事業ではだめなのです。

これも体験ですが、平成五年に開発銀行での女性だけの勉強会に呼ばれたことがありました。夕方六時から弁当を食べながらのゼミナールです。私の話が終わったあと、一人の女性が「開発費用を融資して食品製造会社と約二年かけて商品開発を行い、商品をコンビニに納入したら一週間で取引停止になり、コンビニは努力への評価をしてくれない」と言いました。私は「その考え方は、自己資金を使わないサラリーマン根性の最悪なものです」「(当時七千店の) 店では発売一時間後販売中止を決定しています。商品回収に一週間かかっただけです」と言いました。陳列棚では売れない商品はゴミです。その直後にそのコンビニは初回納入商品価格を〇円にしました。売れなければその商品は、店で即廃棄です。回収費用がかかるからです。そして、開発銀行もなくなりました。

外食の魅力と強さ

乳幼児さま大歓迎のレストラン

日本マクドナルド、すかいらーく、吉野家D&Cは二〇〇〇年の経常利益が百億円以上だったレストラン専業会社です。しかし、この三社の経営方針はレストラン業では考えつかない発想で行われています。

まず吉野家D&Cは牛丼の吉野家を展開していますが、ここの方針は、お客様の在店時間を可能な限り短くしていることです。牛丼の吉野家は大阪の市場に明治の創業です。築地市場に移築後、一九六八年に新橋三号店を開店した以降多店化展開をしています。一回倒産して、セゾングループにより再建されています。再建直後は、女性の入れる牛丼屋や、居心地の良い吉野家の展開を試みましたが、従来型のスタイルに戻しました。居心地の悪い店の方が圧倒的に収益が上がるようです。一九八〇年台の前半にある居酒屋チェーンが昼食時間だけ牛丼を販売しましたが、短期で昼食営業は中止しています。居酒屋は居心地が良い店作りをしていますから、滞店時間が長くなり回転率が悪く、牛丼販売には向いていない店舗構成なのです。

次にすかいらーくグループのレストランですが、ここは乳幼児来店歓迎という営業方針です。世界的にレストランは大人が食事と雰囲気を楽しむ場所とされており、走ったり泣いたりする乳幼児は連れて行かないのがお客様の礼儀になっています。しかし、すかいらーくの創業兄弟は、青年期にレストランを利用したことはなかったのでしょう。すかいらーく一号店開業の時、乳幼児は一人で来店するはずはない、必ず大人が同伴するのだから、「乳幼児来店歓迎」を営業方針として採用したのです。業界の常識を知らなかったので、固定観念に囚《とら》われなかった成果です。

狙いは見事に的中しました。国民の年齢構成でみた一番好きなお店にすかいらーくグループ各店は合計で約五%の支持を得ています。一位はマクドナルドで七・五%強の支持を得ています。他の店舗は二・五%以下でした。つまり、日本人の多くの人がすかいらーくの乳幼児来店歓迎方針を支持しているのです。

一九八〇年代ある全国商業紙の婦人欄には二年置きくらいに、「子供を出産して以降、行ったレストランはすかいらーくグループだけです」という内容の投書が掲載されます。乳幼児の親には絶大な支持があることは判っていましたが、財団法人の理事会で理事の方が「家の近くのすかいらーく五店がガスト、夢庵、バーミヤンに変わってしまい、孫と行くレストランがなくなってしまった」と言っておられました。すかいらーくは乳幼児の親だけでなく、祖父母も利用していたのです。(この意見をすかいらーくの四人兄弟の長兄の理事が聞いて、レストランすかいらーくの出店を再開しています)。

普通レストランの営業は子供を歓迎していません。よほど酷《ひど》くなければ入店をお断りすることはありません。しかし、入店時の数分の一秒の接客員の戸惑った表情をお客様は見逃さないのです。極端に言えば言葉に出ていなくても、子供連れは非常識と言われていると感じるのです。すかいらーく関連のレストランでは、そのような視線はないのです。

アメリカのマクドナルドは日本でのフランチャイズが成功して、アメリカとカナダ以外の国では日本型の営業方針を採用しているようです。それは、未成年の単独レストラン利用です。マクドナルドでは幼児であれ、強盗であれ、お金を持っておれば、お客様として、(スマイル〇円で)ニッコリ笑って商品を売りつけるのです。学校帰りの道草であれ、道路で立ち食いをしても、商品の容器を道路に散乱させる客がいても、売上さえ達成できれば吾《われ》関せずがアメリカ流です。日本でも、中国でも、マクドナルドはティーンエージャーの天国です。マクドナルド以外の店では、お店の人や、お客様が、子供に、お母さんは？とか学校帰りの途中？と聞きますがマクドナルドではこのような光景はありません。十代の女性はここにしか居場所が見いだせないのでしょう。十代の女性は圧倒的にマクドナルドの支持者です。すかいらーくは乳幼児の両親や祖父母の味方、マクドナルドは十代の味方、吉野家は忙しい人々の味方になっていて、その結果、経常利益を百億円以上出しているのです。

蛇足ですが吉野家は資金繰り詰まって一回倒産しています。評論家のかなりの方が牛丼単品商売だから倒産したとか、吉野家の米はコシヒカリやササニシキでなく、しかも北海道産米が多いとコメントされていました。しかし、これは正しくないと思います。事実上単品商品のマクドナルドと吉野家は高利益ですし、食材の種類が少なく、かつ、食材の回転が早いので常に、食材の鮮度は良いのです。そして、汁掛けご飯は、汁が最初深さの半分まで、浸みるような飯が、味の変化無しで食べられるのです。コシヒカリのような粘り気のある飯は最初汁が多く、後は汁無し状態になります。乾き目の米が良いのです。

うまい・はやい・やすい

「うまい・はやい・やすい」牛丼の吉野家のキャッチコピー（宣伝文句）の一部です。そして宣伝文句の通り商品提供が実に速いのです。それでいて、好き嫌いのあるお客様用に玉葱抜きの牛丼にも応じていますし、軟らかく食べたいお客様には汁を沢山入れてくれます。それぞれ「ネギ抜き」「汁ダク」と呼称しています。

吉野家の店内では持ち帰り take out にも応じています。持ち帰り希望のお客様の注文は専用の場所を設け、接客に混乱が起こらないようにしています。吉野家のお客様は常連客が多いことから、美味しくて、しかも、価格以上の価値がある、即ち安いとされています。

レストランは小売店です。販売している料理が不味《まず》ければ売れません。牛丼の単品勝負の吉野家ですが、焼き鮭もありますし、味噌汁も提供しています。そして、数種類のサラダはカウンターに埋め込んだ冷蔵施設に前もって陳列されていますので、サラダを食べたいお客様はそれを黙って取り出せば良く、注文や商品提供の時間を短縮しています。

すかいらーくでは「サラリーマンの昼休み時間は六〇分間なので、昼食の提供時間は出来るだけ短くし、一五分以上かかってはいけない」としていました。注文を受けてから加熱処理をしますから、注文から五分以内の料理提供が限界ですが、厨房やフロアー係の失敗で作り直しの時などは、一五分かかっていました。

一九二四（大正十三）年三月創業の一般庶民向けの料理を提供していた須田町食堂（後に聚楽と合併）は戦前に、須田町食堂と給食の事業所を合計八九か所で営業していました。聚楽五大精神の四、迅速には「御客様の御出下さいました時の御氣分を損せないやうにと努めまして、聚楽は早いものなら一、二分、遅くとも五分以内に配膳出来ますやうにと注意致して居ります」と記載されていました。

では高級料亭ではどうでしょうか。TV番組での和食料理コンテストでのことです。競技のルールの一つに競技開始から配膳までの時間は二時間とありました。進行役のアナウンサーが厨房師協会の会長さんに「手の込んだ繊細な和食を二時間で作るには時間が短いと思われます」と言った時の返事は「どのような方でも料理店に来る時は空腹なのです。二時間も待つお客様は居られません」でした。腹が満たされている時に料理屋にはいることはまれなのです。サラリーマン相手でなくても、お客様を待たせる飲食店には、来店者はいなくなるのです。古典落語のように、ウナギの蒲焼きの注文を受けてから、ウナギ獲りに行くものではありません。

居酒屋や小料理店に行き席に着くとお通しとして、注文していない小料理が出てきます。注文していなくても有料です。この習慣は貧乏人にとってはあまり嬉しいものではありません。しかし、結果論として、お通しで一杯やっておれば、一〇分以上時間が経過しますから、空腹でイライラして料理提供を待つよりましなのかも知れません。その間お店も調理に集中できます。

お通しですが懐石料理の折敷《おしき》（お盆のような四角い膳）に最初汁と飯が手前に配膳されて、その向こうの碗に、向付けと呼ばれる料理が配膳されていたのが、汁や飯を出さずに向付けだけが提供されるようになり、これを先付けといいました。現在は先付けとお通しは同じ意味です。小料理屋は懐石料理仕立てだけではありませんので、お通しはお客様の注文を、厨房へお通ししましたと言うメッセージだったのです。

カッコ良いフレンチフライポテト

日本でも洋風ファミリーレストランやハンバーガーレストランではフレンチフライポテトが使用されています。このポテトは生産地が限定されている馬鈴薯の一種です。品種はラッセルバーバンクで、生産地はアメリカ大陸の西海岸付近でアイダホ州、ワシントン州、オレゴン州などです。日本では主産地の名前を採って、アイダホポテトとも呼ばれています。このポテトの澱粉は、アイダホ地方で収穫されたものだけ、吸湿性が低いのです。このラッセルバーバンク種をアメリカの中央部や東海岸地方で栽培すると、他の馬鈴薯の品種と同様な吸湿性の高い澱粉に変わります。欧州で栽培しても二代目は普通の馬鈴薯です。日本では生の馬鈴薯は持込み禁止なので栽培はできませんが、栽培しても二代目は日本の馬鈴薯同様の澱粉に変化するはずです。

洋風ファミリーレストランで使用されているのは、家族や友人と長時間会話を楽しみながら食事をしても、ポテトの形状が最後まで変形しないためです。平成初期に、当時の北海道知事が年に何回も東京に来て、いわゆる外食事業者を集めては、北海道の馬鈴薯の使用を呼びかけましたが、応じる訳がありません。特にマクドナルドのポテトの食べ方の一つは、ポテトを三分の一程袋から出ている状態で、歩きながら食べるものです。吸湿して垂れ下がっているポテトはカッコ悪いのです。北海道の経済連の研究者が平成四年に私の在籍していた（財）すかいらーくフードサイエンス研究所へ相談に来られましたので、北海道の馬鈴薯が使用できない理由を告げると、北海道の知事は、それ以降国産馬鈴薯の使用を外食事業者に要請しなくなりました。蛇足ながら、すかいらーく、デニーズが使用しているカットがフレンチフライポテトで、マクドナルドのポテトは細いカットなのでアメリカではシューストリングと呼ばれています。日本人に素麺《そうめん》と饂飩《うどん》の違いが判断できるのと同じで、アメリカ人には細さの違いが判るのです。ちなみに日本マクドナルド（株）の広報では、フレンチフライポテトと呼んでも構わないと言っていました。

コーヒーショップレストラン・サンボスのメニューを日本国内の食物で作る試作をしている時に、再現出来ない料理がありました。それはハッシュド・ビーフ Hashed Beef（多分 Hashed Potato with Beef）です。牛挽肉と潰した馬鈴薯で作った食べ物です。アメリカの材料ですとハッシュド・ビーフの味が再現できます。しかし、国産馬鈴薯では肉コロッケの味にしかならないのです。そうです。馬鈴薯の澱粉の質が異なるからです。結局、アメリカで販売

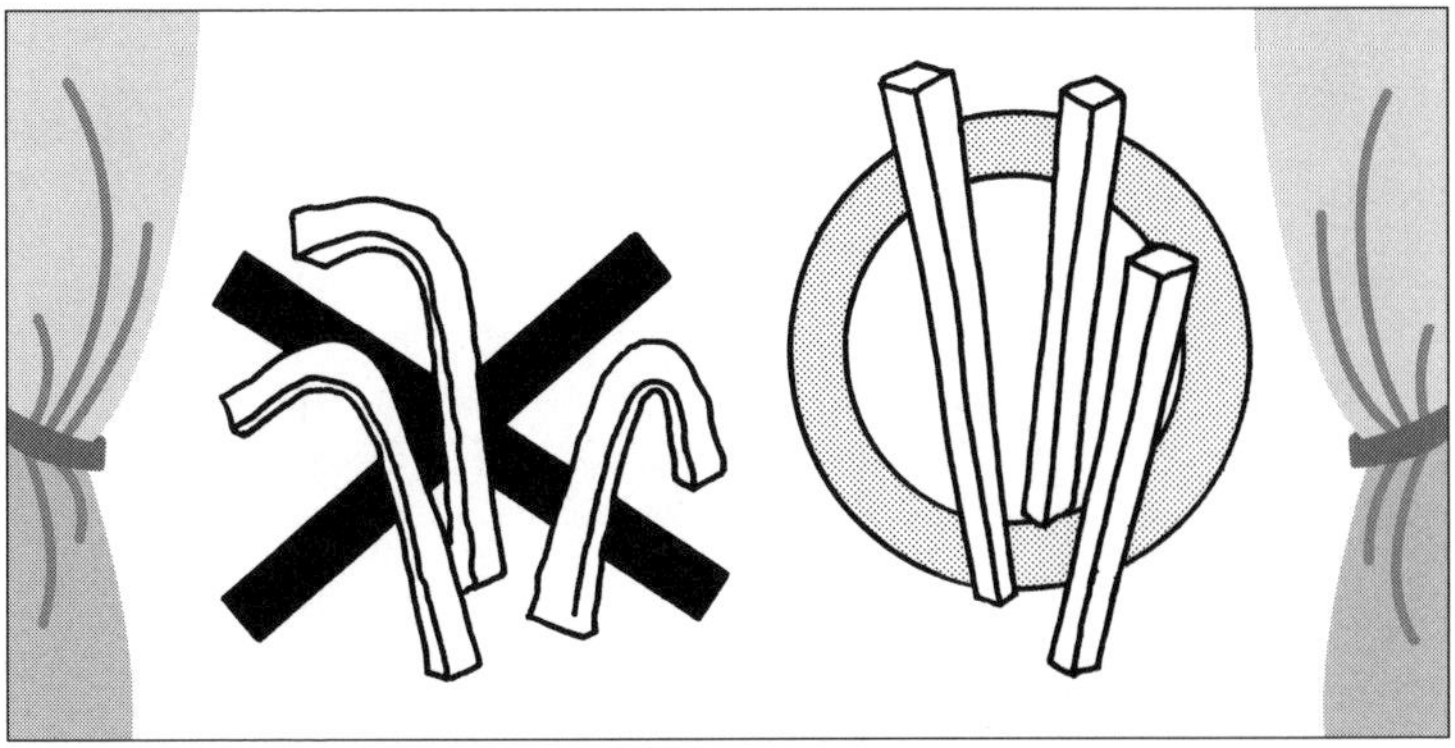

している缶詰を使用するしか有効な解決策は見つかりませんでした。肉コロッケではアメリカ式のレストランでは提供しても違和感がありません。この話には後日談があり、デニーズの厨房で働いていたことがある学生アルバイトが「ハッシュド・ビーフはデニーズより美味しい」と言ったのです。デニーズが購入している同一輸入業者から同じメーカーの缶詰を購入しており、当の学生も同じ缶詰であることを知った上での感想です。当の学生も「何でだろう」と言っていました。一九八〇年はデニーズは多店舗展開の時期に入っていたので、厨房機器は日本製です。この店は国内サンボス一号店として準備していましたので、厨房機器は全てアメリカ製でした。多分、アメリカの食品はアメリカ製の厨房機器で調理する方が美味しく作れるのでしょう。

日本食材で作れない料理がまだありました。チリビーンChili Beansです。メキシコの料理で豆と挽肉をチリChiliと言う唐辛子の一種と煮込んだ食べ物で、アメリカのレストランには普通にあります。しかし、私は四度目の試みでやっと喉に通りました。慣れると美味しいと感じます。これも国産化はしませんでした。このチリビーンを最初に食べたのはロス・アンゼルスのディズニーランドでした。ロス・アンゼルスで数時間時間があったので短時間覗いてみたのです。午後二時頃でも、どのレストランも長蛇の列でした。そのような中、並んでいない店があったのです。チリビーンがかかったハンバーガーでした。お腹はペコペコでしたが、二人とも一口食べて、食べるのを止めました。最初はとても違和感の強い味付けです。日本のデニーズレストランはチリビーンを使用した料理が注文されると、小皿に少し、チリビーンを載せて、注文者に味見をさせてから、調理していました。かなり、お客様から苦情を言われていたのでしょう。アメリカ人やアメリカ滞在の長い人には懐かしい味のようです。

ラッセルバーバンクの丸焼きは、ベイクドポテトと呼ばれています。これは、ステーキなどの温野菜の一つなので、国産馬鈴薯で試作しました。調理方法（加熱温度や加熱時間）の厳密な管理が必要ですが男爵でもできました。しかし、三号店まで店舗で焼きましたがこれは直ぐに輸入品に切り替えました。ラッセルバーバンクのホクホク感を出すのに手間がかかります。ハッシュドポテトはフレンチフライの五分の一くらい細いポテトを集めてハンペンのような四角形にして焼く料理ですが、これも輸入品をそのまま使用しました。

最高の味を支えるブレンドの秘密

食料である農産物は毎年同じ品質ではありません。降雨量や日照量で発育が異なっています。同じ年の収穫物でも日にちと共に変化していきます。ワインは葡萄が豊作の時はブドウ糖が沢山でき美味しいワインが作られますが、不作の年はおいしくないと言われています。

一九七九年の暮れに翌年開店予定のジョナサンの店のためのアメリカンコーヒーの仕様を焙煎卸売り会社に依頼いたしました。何回か試作の後一つの挽いたコーヒー商品に決まりました。そして、豆の組成（アラビカ種、ロブスタ種、リベリカ種の混合割合）と、焙煎度（豆の煎り具合）と、粉の粒度分布を書いてもらい「ではこの紙の仕様にします」と言ったらコーヒー会社の方は、びっくりした顔をして「コーヒーの品質は毎年大きく変動しますから、毎年、この仕様でコーヒー豆を焙煎すると、毎年、味が大きく変化します」と言われてしまいました。コーヒーは焙煎卸しの方が毎回試作して、味が一定になるようにしてくれていたのです。それ以降は細かい配分等の仕様ではなく「このような味と風味にしてください」という仕様です。

多くの食品は卸しの会社が味の一定化の努力をしているのです。逆に表現すれば、農産物の味を一定にして販売する仕事が、食品流通業なのです。このような努力は並大抵ではありませんが、卸して貰っている小売店も、どの卸しの品質が一番安定して美味しいかを探しているのです。

一九七八年はレストランすかいらーく、デニーズ、ロイヤルホスト三社とも関東で出店をしていました。そして、三社ともお米の仕入れ先は同一会社だったのです。この会社は一九九三年のお米の不作の影響で倒産しました。生産されたお米が統制米に吸収されこの米卸し商は仕入れができなかったのです。この米卸し会社から仕入れた米を、米の味を数値化する測定器で測ると、すかいらーく、デニーズ、ロイヤルホストともに八〇以上でした。配給米の一番美味しいとされているもので六十五で、五十五以上は美味しい米とされているときでした。すかいらーく、デニーズ、ロイヤルホストのライスは最高に美味しかったのです。そして現在も美味しいお米の仕入れに奔走しています。このお米の卸売り会社はすかいらーく、デニーズ、ロイヤルホストの出店に伴い販売量が毎年増加し続けて肥大化して、一九九三年はその売上高の大きさで倒産したとも言えます。

その会社の社屋は幾ら売上が伸びてもプレハブした。そして、各社の情報が他社に、うっかりにせよ漏れないように、配達する社員は相互に混ざらないようにしていました。知らない情

報は漏らすことはできません。配達員は配達したファミリーレストランで昼食を取りライスの品質検査の結果を一定様式で会社に報告すると食事費用の一部を補填していました。そして、不具合が発見されると炊飯指導を行って不良品・不味《まず》いライスが販売されないように努力していました。

二十二万人のアルバイトが見ている レストランの厨房

店の名前が有名になると中傷も増えてきます。人気の高いマクドナルドに関するものが一番多いようです。例えば、マクドナルドの冷蔵庫に猫の骨があったそうだとか、マクドナルドの挽肉にはミミズが入っているそうだというものです。一番ひどいのは、一九八二年に札幌の出版社が、本の宣伝広告に「マクドナルドはカンガルーの肉を使っている」と表示したのです。中身を読むと「関係者に問い合わせてもそのような事実はない」で終りです。

すかいらーくに関しても「コーヒーをお代わり自由にできるのはコーヒー豆を使用していない色付き水だからだ」とか、「すかいらーくのビーフシチューは肉を使用していないから安いのだ。店に潜入レポートしたが判らなかったので食品製造工場で何かしている」というものもあります。

まず、猫の肉とか犬の肉を使用しているのではないのか、という中傷者の心理は、犬とか猫の肉だったら価格が安いとでも思っているのでしょうか。一般流通品以外の品物を大量に集め

ますと直ぐに価格は高騰します。マクドナルドの肉使用量の一〇%を他の畜肉で賄おうとすると、その肉の価格は牛肉の一〇倍以上に高騰してしまいます。流通品でも、需要が増せば価格は高騰します。

すかいらーくの経験でこういうことがありました。一九七九年のお正月の特別メニューとしてメキシコの果物の輸入を手配したのですが、結果的に日本へ届きませんでした。年末に急遽《きゅうきょ》マスクメロンに切り替える決定をしました。そうすると一箱三千円だったものが、九千円にまで高騰したのです。数日で果物のメニュー提供を中止すると、値段はもとの一箱三千円に戻りました。ですから牛肉以外の肉を使用することは価格的に合わないのです。それに、そのような畜肉を集めれば、集めている現場を誰かに目撃されます。そのことは「何々だそうだ」と言う伝聞《でんぶん》形で伝わることはありません。断定的な「私は見た」という表現になります。「家政婦は見た」と同じで、一日あれば、日本中に知れ渡ります。「何々だそうだ」は中傷者に少しは恥の気持ちが残っていたからなのでしょうが、このような表現は最初から作り話ですと言い訳しているようなものです。

一九八五年前後にN新聞社とS出版社から同様な問い合わせを受けました。「財務諸表を検討しているが、ロイヤルとデニーズの人時《じんじ》売上高が低いので作為的に何か誤魔化していると思っていた。すかいらーくで分析してもほぼ同じように低い。三社が談合しているようには思えない」ということで私の見解をただしに電話の問い合わせがきたのです。

まず当時一般的に飲食店関係の企業では正社員の年間離職率は三〇％以上だったのです。この三社はもっと定職率は良いのですが、製造業に比較すると数倍も高いのです。次にパート・アルバイト達の平均就業期間は六か月未満です。熟練しない内に、訓練期間に辞めていくので、常時新人訓練をする必要があります。つまり、料理販売以外の人件費がかさむので、財務諸表の改善に繋《つな》がらないのです。

二〇〇二年末でマクドナルドは四千店です。すかいらーくは二二〇〇店です。マクドナルド一店でのパートアルバイトが三〇人とすれば、年間二十四万人の人が入れ代わっています。すかいらーくで一店五〇人とすれば年間で二十二万人の人が入れ代わっています。どの店も一般の人を厨房には入れません。食品衛生上、検便が済んでいない人を厨房に入れてはいけないのです。しかし、検便済みの人が年間二〇万人規模で厨房の使用食材を間近で注視しているのです。反社会的な営業は必ず告発されます。二〇万人の口に戸を立てることは出来ないのです。

さらに先のS出版社はマクドナルドなどのファーストフードレストラン数社とすかいらーくを含むファミリーレストラン数社に、アルバイトを半年潜入させています。これは、初めから暴露記事を意図したものです。この時の出版社の結論は、「すかいらーくのコーヒーにもビーフシチューにも反社会的行いはなかった」でした。

外食産業の人手不足と時間給

二〇〇三年四月の失業者は三八五万人、完全失業率五・四％です。統計とは別に、昔は農業、現在は建設業に隠れ失業者が存在していると言われています。統計の完全失業者は何か収入源があると計上されませんので、親元に居候して農業を手伝えば失業者にならず、未熟練工として、建築現場で働くと就業者になるのです。しかし、本人の意識では、状況は失業中なのです。独善的に推定すれば二〇〇三年四月の失業者は一〇％以上です。雇用したい能力や体力・技能を有する人達が八％も失業していれば、雇用主は採用したい放題のはずです。しかし、活況ある職場では、現実は人手不足なのです。

失業者はコンピューターの年間生産台数が五五三万台を超えた時点一九九五年から急増しています（失業率三・二％）。二〇〇〇年には一二六九万台以上生産されています（失業率四・七％）。中小企業、個人事業でもコンピューター駆使は当然となっています。コンピューターを操作できるのが当然で、コンピューター操作ができない者は現在の日本の職場では、居場所がないの

です。一九九六〜九七年頃から、コンピューター操作ができないパートタイマーを採用しないように日本全体が変化したのです。

当時の四十歳以上、甘くみても四十五歳以上の女性の、事務職パートタイマーが再雇用されなくなったのです。男性正規社員としても同じで二〇〇〇年以降は多くの企業で、ペーパーレス化、データーの共有化を目指して、一人一台携帯コンピューターを支給しているのです。つまり、キーボードにアレルギーのある者は、職場に居場所がなくなっています。

では、スーパーマーケットや外食産業では人手は足りているのでしょうか。足りていません。人手不足なのです。採用担当者の影の声です。「応募者は多い、しかし、当社が欲しい人材ではない」「能力も、体力も下降気味の年配者を採用しても、戦力とはならない」。

ではスーパーマーケットや外食産業の現場で多く採用されているパート・アルバイトの充足状態はどうでしょう。やはり人手不足なのです。それは、店の名前（商号）が広く知られているスーパーマーケットに隣接している洋品店の初任時給の方がそのスーパーマーケットの時間給より高いからです。店の名前が広く知られているレストランの隣接にある飲食店の初任時給の方がそのレストランより高いからです。逆に人を採用したい洋品店が近くのイトーヨーカ堂より安い時間給で募集をしても応募者はいません。ロイヤルホストの近くにある飲食店もロイヤルホストより高い時間給で募集をします。つまり、人はより高い時給を求めて動くのです。したがって今見てきたように店の名前が広く知られている店舗の初任時間給は、その地域の実質最低時間給になります。

では有名店同士はどうでしょう。一九八一年頃千葉市のあるファミリーレストランが人手不足解消をねらって、初任時間給四百五〇円を五百二〇円に上げました。結果はライバル店を含めて、一週間後には千葉市のレストランの初任時間給は全店五百二〇円になっていました。高給の優位さは一週間しか続かなかったのです。理由はほとんど全ての飲食店のパート・アルバイトが賃上げしたファミリーレストランへ移籍したいと店で話したからです。

ですから店の名前が広く知られている店舗では、時間給以外で優位性を確保する必要があります。実質地域最低時間給の店で人手が充足しているとは考えられません。店の名前が広く知られていない時は、時間給の高さは人集めの武器になります。レストランすかいらーくは一九七〇年後半に、スーパーの初任時給が三百六〇円時代に四百五〇円として、パートアルバイトの募集をしていました。名目は、高い時間給で質の高い労働力を集めることでした。

一九八〇年頃まで倒産前の牛丼の吉野家の初任時給は六百五〇円でした。どの吉野家の店も、学生が採用順番待ちの登録をしていましたが、多くの登録学生は、順番が来ないうちに卒業です。当時の吉野家のパートアルバイト募集広告費は〇円でした。有名店になってからは、倒産を経ても地域最低時給でした。実際は会社更生法適用の会社が高い時間給を支払う名目がなかったからでしょう。そして一九八七年に更正が終わっても時間給は実質地域最低時給のままです。

実質地域最低時間給に応募してもらうには、その店とその店の商品に魅力が必要です。これは言うまでもありません。店と販売商品に魅力がなければ有名店にはなりません。

まず、すかいらーくグループですが、店内で人を呼び捨てにしてはいけないのです。また作業指示に命令形の使用は禁止です。作業はお願いして行って頂くという精神です。マクドナルドやデニーズも会話の最後はプリーズです。やはり相手にお願いしているのです。

人気のレストランは見た目に清掃が行き届いています。気持ちの良い職場環境です。客席だけでなく、バックの清掃や整理整頓は労災予防にもなります。マクドナルドではコイン探しゲームがあり、コインと金券が交換出来ます。日頃働く人の目線が届かない場所にコインを置いて、働く人の目線が日頃から隅々まで行き届けさせる訓練です。

女性を家事から解放した外食

一九九二年四月に朝日新聞家庭欄の論説委員の方とお話をしたことがあります。その方は主婦が外食に頼るのは、家事の手抜きなのではないかとの考えを持っておられ、私が「外食は女性解放運動」になっていると表現している趣意の確認にこられたのです。

日本では一九五五年以前は家事の内容を表現している、サシスセソ（裁縫・躾《しつけ》・炊事・洗濯・掃除）は専業主婦の担当とされていました。昭和二〇年代の婦人雑誌の付録の第一はベビー服の型紙でした。そして三か月毎に毛糸編みの計算表が付いていました。しかし、昭和三〇年代になると、ベビー服を自作する女性は激減しました。一九五五年以前にはベビー服を縫わない母親は鬼婆《おにばば》のような形容をされていた程です。

その理由は、戦後経済が復興し、低価格で良いベビー服が販売されるようになり、母親はそれを購入するようになったからです。靴下もナイロン製にかわると穴も開かなくなり、穴かがりは必要なくなりました。

さらに一九六五年以降は、巨大スーパーマーケットが吊《つる》しと呼ばれる既成の背広を開発して、背広も既製服か、イージーオーダーに変化していきました。現在は、趣味としての裁縫を別とすれば、義務労働としての裁縫は家庭には残っていません。躾《しつけ》も一九七〇年以降は学力向上は塾で、技能習得はお稽古として、家庭外で対価を支払って行っています。洗濯は電気洗濯機が一九六〇年以降普及して軽労働化されていきます。そして、クリーニング業も身近に沢山存在しています。掃除も一九六〇年以降電気掃除機が普及し、現在は掃除代行業もあります。

つまり、家庭内義務労働は対価を支払って外部から購入するお金がない時代に、家族が主婦に押しつけていただけで、昔から主婦が好んで行っていた訳ではないのです。そして、現在も家庭内義務労働として残っているのが炊事・料理です。サシスセソの中で食事だけが、低価格高品質の商品が少ないということになります。

主婦の嫌いな事の筆頭は食事の買い物と献立（料理を考え、調理加工・盛り付けをして供卓までの一連の動作）となっています。「家族の健康管理は母親が行う」というような表現がありますが、「家族の健康管理能力は全ての女性にある」と表現しなおすと、全ての女性が健康管理能力を備えているはずがない事に気づくはずです。

中食《なかしょく》と表現されている小売料理品の利用者の多くが、単身世帯者です。若年男子単身世帯者や若年女性単身世帯者だけでなく、高齢女性単身世帯者にも利用者は多くいます。テンプラを一人前自宅で作るには手間がかかるだけでなく、使用した食材の大半が残ってしまいます。魚は切り身で一枚買えるとしても、人参や蓮根・三つ葉など一欠片《ひとかけら》ずつは買えません。小麦粉もだいたい一kg、少なくても五百g単位で売っています。それでは適当に作ると毎日三食かなりの期間テンプラを食べ続ける事になります。チラシ寿司やトンカツでも同じ現象が起きます。使用食材の種類が多い料理は、単身世帯者が作ると無駄が多いのです。また、栄養素バランスを考慮した食事をするには、小売料理品を購入することが好ましいのです。

この栄養素バランスを考慮すると、二人世帯も外食が好ましく、経済的にも高い物にはならないのです。公的な発言力をお持ちの方は核家族と言えども、数人の家族と生活されているので、高齢単身者の利便に配慮できていないのです。女性も家庭内義務労働から解放されて、自己表現の時間にしたいのです。因《ちな》みにその論説委員の方は新聞社にいる間に、私の言っている内容は完全に理解されていましたが、それでも最後に、外食は主婦の手抜きのような気がするという趣旨の言葉を添えておられました。その後大学へ移り、食事の問題は、主婦の問題と言うよりは、国民全員の問題として食育（児童時代から何をどれだけ食べると健康に良いかという食事教育）に従事されています。

一九七〇年頃から、毎日入浴して、下着を取り替える習慣が日本に定着しています。理由は主婦の仕事サシスセソがスを除いて、ほぼ外部化されたからです。ダムによる水道水の確保により、家庭の水道蛇口は風呂場にも付きました。それ以前は井戸水をくんでバケツで運ぶか、炊事場の蛇口から水をバケツにいれて運んでいました。この水汲みは重労働でした。さらに盥《たらい》と洗濯板による手洗い洗濯や、川で洗濯板による手洗いは、中腰での作業で、相当につらいものです。この風呂への水汲みと洗濯を毎日していたら、主婦は過労ですぐ倒れてしまいます。豊富な水道水と全自動電気洗濯機が、日本人の毎日入浴、毎日下着の交換の習慣を作ったのです。

中国では一九五五年頃から炊事は夫婦で分担する運動が盛んになっています。中国では夫婦とも働いていますから、以前から早く帰宅した方が料理をすることになっていましたが、実情は中国の女性は一般に料理は上手ではありません。中国では主婦が家事をしない時は使用人を雇っていたのです。使用人を雇えない時は夫の仕事でした。

米国コーヒーショップレストランと年金生活者

日本のレストランでもブランチとかサンデーブランチとかの用語が使われています。用語の語源は、キリスト教徒が日曜日の早朝に教会へ出かけて、神へのお祈りと牧師さんや神父さんの説教を聞き帰宅して、昼前に昼食ランチLunchを兼ねた遅い朝食ブレックファーストBreakfastを摂り、この朝昼兼用の食事をブランチBrunchと呼んだことに由来します。ブランチとは日曜日の礼拝のため、朝食を早く摂れないことからくる習慣なのです。

すかいらーくがアメリカのコーヒーショップ・サンボスと提携したのに伴い、日本から店長候補者をアメリカのサンボス店へ研修に出しました。その店長研修者の体験談をまとめると、現在のアメリカのブランチの意味合いはかなり異なっているようです。

まず、サンボスやデニーズやビッグボーイなどはコーヒーショップと呼ばれています。このコーヒーショップの本来の意味合いは、ホテルの一階で二十四時間営業している軽食堂を指しています。食事時以外の軽い利用ですので、コーヒーを何時でも手軽に飲める場所がコーヒー

ショップレストランです。日本では、名古屋地方の喫茶店の概念に近いかも知れません。
サンボスやデニーズやビッグボーイは二十四時間営業ですのでコーヒーショップレストランと呼ばれていたのでしょう。しかし、利用客はホテルのそれとは別集団です。主として白人の年金生活者がお客様です。
一九七九年のアメリカの年金生活者は一般に孤独でした。日系人店長によれば、kiss them in, kiss them out がサンボスの接客の基本と言っていました。お客様が入店すると、キスするように脇に片手を回して招き入れ、出るときも、同じように片手を添えて見送る意味です。個人生活重視のアメリカの年金生活者は、このコーヒーショップで店の者と話す以外に、一日中話し相手がいない人が大半で、人間味を味わって頂くためのサービスと教えてくれました。そこで、これは良いことを聞いた、若い女性が来たときは私に実習させてくれと申し入れたら、kiss them in, kiss them out は高齢者に対して行うのであり、若い人にはしないとの返事でした。このコーヒーショップレストランの客単価は安く、したがって店側の接客態度も良好とはいかないようです。

店長研修者が見た光景は、ホイップバター（粉砕氷とバターをホイップしてソフトクリームのようにして溶けやすくしたバター）を乗せたパンケーキの皿を、ウェートレスが数枚重ねて運んでいて、テーブルで皿の底についたホイップバターを、本来、乗っていたパンケーキに戻しながら、提供していたというのです。お客様から苦情はなかったとのことで、日常的な行為らしいのです。安いレストランだから仕方がないというものでした。

コーヒーショップレストランは二十四時間営業ですが、実際に客が入っているのは午前九時半から正午頃までで、後は開店休業状態でした。年金生活者が節約のために朝昼兼用のブランチを食べていたのです。年金生活者は定期収入が有りますから、貧困者ではないのです。それでも、一日三度のレストラン通いはできないのです。それから、年金の大半はミールクーポンになっていて、食品以外の物を買えないようになっていました。年金を食事以外のものに使い果たす人が沢山いたからです。ミールクーポン制度になる前は、年金を使い果たした高齢者が食品店で牛乳を飲み、カラビンを元に戻してその店を後にしたのです。仮に捕まえてもお金は持っていません。それで、多くの食品店は入店時に一〇ドル預かり、出店時に返却して自衛していました。万引きされた商品の代金はこの一〇ドルから回収したのです。

ミールクーポン制度導入後は入店時の預かり金制度はなくなっています。ミールクーポン券は食品店やレストランで使用できるようになっていました。食品店のレジで紙幣以外の紙で支払いをしているのを初めて目撃した時は小切手で支払っていると勝手に思っていましたが、ミールクーポンだったのです。

一九九〇年頃のNHKの英会話のテキストに書いてあったと記憶しているのですが、実話かフィクションか判りませんが、アメリカの年金生活者の状態を語っているところがありました。ニューヨークでミンクのコートを着ている品位のありそうな高齢婦人の話です。彼女は、家はなく路上駐車の車の中で生活しているというのです。車もミンクのコートも若いとき購入したか貰った物でしょう。ミンクのコートを着て百貨店の食品売り場へ行き、籠を取り、最初に高級ワインを二本入れて、食品売り場を徘徊するのです。そうすると、店員が食品の試食を薦めてくれるのです。アメリカの百貨店では日本のように、自由に試食はさせて貰えません。ミンクのコートと高級ワインで、この婦人に金があるように見えるのです。お腹が満たされたら、籠のワインを食品棚に戻し、百貨店をでるのです。そして、翌日は別の百貨店で試食するのです。ニューヨークには百貨店が沢山ありますから、店員に怪しまれることはないのです。

コショクの理由と外食利用のすすめ

五つのコショクとは、五食、小食、孤食、個食、戸(外)食《こがいしょく》のことです。この言葉は一九八〇年頃、栄養関係の評論家達が好ましくない食生活現象として表現したものです。

五食とは、朝食、昼食、三時に夕飯、夜食と一日何回も食べていることです。別の表現をしますと、一日中ダラダラと何か食べている食生活を意味しています。

小食は、一日何回も食べているので各回の食事の量が少量であるという意味で、しっかり量を摂り良く噛んで食べていないことを非難している内容です。

孤食は、朝食を子供が孤独に食べている、塾の行き来に一人でハンバーガーを食べてる様子を指していて、うらに家族揃って食事をするべきという想いがあります。

個食は、共卓ではあるが（何人かで同じ食卓を囲んでいるが）各人はそれぞれ異なった料理を個人個人食べているという意味です。祖父母はメザシと味噌汁、両親はステーキにポタージュスープ、兄弟はハンバーグとジュースを同じテーブルに座って食べている光景です。

戸（外）食は家の外の食事で、いわゆる外食のことです。うらの意味は外食は主婦の手抜きであるという考え方です。何れも、日本の従来の道徳的規範に根ざした食生活スタイルに違反しているという批判を含んだものでした。

しかし、私はこの五つのコショクという食生活スタイルは経済的豊かさや社会の変化から必然的に生まれてきたものととらえる必要があると思っています。日本の戦後経済は、国家としては一九六九年の為替の第二次自由化でほぼ復興しました。それから一〇年経過して、その恩恵が各家庭にも到達したのです。家計も豊かで、食料も充分あるのですから、「頂きます」の発声で、食料ぶんどり合戦を行う必要がなくなったのです。また、家族それぞれの生活スタイルも大きく変化したことも見逃せません。「コショク」が現れて四半世紀、コショクのスタイルは定着し、伝統的スタイルへの回帰の兆しは見えません。

たとえば孤食ですが、小学生が一人で食事をしていることを単純に善悪で決めつけることはできません。核家族で郊外に住んでいて都心に通勤するお父さんは、通学時間より早い時間に家を出ています。子供はまだ寝ています。子供には子供の生活リズムがあります。そして、母親は朝食の仕たくだけして午前中のパートに早々と出掛けていくのかも知れません。また、母親も自分の時間や楽しみも必要でしょう。母親が自分を犠牲にして、三食家族の食事のために待機するということは、時代の流れに合致していません。そういう意味で「道徳」という名で個人個人を縛っていたものを再検討してみる必要があります。

また目を転じると日本の世帯人員が大きく変ってきていることにも気づきます。総務省の二〇〇五年の国勢調査抽出速報集計によると、一人暮らしの世帯数は千三百三十三万世帯、六十五歳以上の一人暮らし世帯は四百五万世帯です。高齢単身者は農協や漁協の売店を含めて、かなりの頻度で調理済み食材を購入しています。一人前ずつの調理を毎回行うことには、老若男女、誰にとっても大変な作業です。料理も加齢者には大仕事なのです。

東京都の健康増進財団法人の研究者・医師からお聴きした話です。都の医師は順番に僻地《へきち》医療に従事しておられます。この女医さんの、僻地漁港に勤めた時の体験談です。「漁村は港にあるので住民は平地に住んでいると思っている人が多いのですが、（高潮や津波への警戒のために）住居は海面より五〇ｍも一〇〇ｍもの高台に建っているのです。そのため高齢者は港の漁業協同組合で購入した大根などの野菜の重さでも、自宅まで持って上がれないのです」。

この女医さんが勤務していた時は、近所の人が、食材や料理を届けていたそうですが、充分な食事ができていたかどうかは確認していなかったそうです。問診で聴き取りを行っても、実態生活を正確に表現しているか否かは判らないのです。寒村ではなくソコソコの人口の村や町には、コンビニエンスストアの弁当がありますから高齢者の健康維持が可能になっています。多分平均寿命の延びに貢献しています。

外食は腹八分目に

一九八五年頃まで、「外食はエネルギー過多なので、外食に頼っている食生活だとエネルギー摂取が多くなり、生活習慣病に罹《かか》りやすくなる。」という説がまかり通っていました。栄養指導をしている栄養士や保健師が行っている食事指導内容にこのような表現が引用されていました。私は、一九八三年に農林水産省認可の財団法人「食べることを研究する研究所」に異動した後、雑誌の依頼で、外食のエネルギーに関して何回か所見を表明した結果、農林水産省関係の団体や、保健所の講演依頼を受けるようになりました。ある保健所の研修会に呼ばれた時、最初に保健師さんに

「お昼に外食をするとして、お昼に食べると、夕飯前には確実に、空腹を感じるレストランに行く方はおられますか」と質問したら、どなたも「行かない」と答えられました。この意識は既にエネルギー過多の食生活なのです。

体にちょうど良い食事量は、摂取したエネルギーが次の食事直前で完全に消費されている必

要があります。次の食事までに、いつもよりも少し運動強度が強いと食事前に空腹になります。また、深く考え事をすると、脳でグリコーゲンの消費が多くなり、やはり、食事前に空腹になります。そして、食事時間が遅れても、空腹になります。ちょうど良い食事の量は三回の食事の内二回は空腹を感じる食事量なのです。一九五五年くらいまで子供は外で遊び、夕方「ああっ腹減って目が回りそう」と言いながら帰宅した時代の食事量です。食事指導を受けている方々だけでなく、指導しておられる方々の生活習慣もエネルギー摂取過多になっているのです。

一日の食事摂取基準は成年男子（二〇歳代～三〇歳代）身長一七〇cmでは約二五五〇kcalです。三食で案分しますと一食当たり八五〇kcalとなります。女性はその八〇%が摂取基準になります。しかし、八五〇kcalの料理を提供していますと、そのレストランには女性客だけになっていきます。レストランでは必ずしもエネルギー計算をして分量を算出している訳ではありませんが、お客様の不満と食べ残し量を勘案して、男性には約一〇〇〇kcal女性用には八五〇kcalの料理を提供しています。好き嫌いによる食べ残しだけでなく、皿への食材の付着やお客様の満足感を考慮すると、食事摂取基準の二〇%増しの料理が求められるのです。

女性用として六八〇kcalの料理を提供すると「可愛い量ネ」と表現して、このレストランへは誰も行きません。この提供食事量は、レストラン側が押しつけているのではなく、お客様の希望です。しかも、この食生活は外食時だけでなく、家庭でも行っている食生活です。どこで食事をしても、次の食事までに空腹を感じない充分なエネルギーを摂取しているのです。

この話を数か所で話をしましたら、「外食はエネルギー過多なので、外食に頼っている食生活だとエネルギー摂取が多くなり、生活習慣病に罹《かか》りやすくなる」という説はなくなりました。そして、一九九〇年頃から「食育」（食事の教育）という言葉が発生し、何時、何処で、何を、どれだけ食べれば健康を維持出来るかを小学生時代から教えるべきという方向に変化していま す。

日常利用しているレストランの食材の量、すなわちエネルギーはほぼ一緒ですから、約二〇%食べ残す習慣をつけるとよいのです。試しに私は二か月ほど実行してみました。しかし、この量では直ぐに空腹は覚えましたが体重は減りませんでした。ちょうど良い食事摂取量なのですから、体重は均衡したままでした。

その次に、毎昼ホテルのビュッフェに通い、出来るだけエネルギーの低い料理を小皿に採り、テーブルに並べて、エネルギー量を計算して四八〇kcal以下であることを確認して食べるようにしました。例えばソーセージの煮物は一緒に煮込んであるキャベツだけとり、スパゲッティなら盛ってある頂上だけを少しとるのです（油は重力で下の方へ移動しています）。フライやテンプラはコロモを全部剥《は》がします。ホテルのビュッフェでカスだけ食べていました。この食べ方はホテルの人も奇異な目でみていました。そして四か月半で七kg程度の減量になりましたが、肌はザラザラになってしまい半病人です。身の細る思いは体に良くありません。

レストランの料理は美味しく作られていることが暗黙の了解です。レストランでは調味料を減らす事はむずかしいのも事実です。ちょうど良い食事量は次の食事直前に空腹感を覚える量です。

動物は空腹を感じてから、狩りに行きます。空腹感は動物に予備エネルギーが充分残っている段階なのです。できれば、空腹を感じてから料理作りを開始して下さい。

チェーンストアと外食業界

日本のチェーンストア アメリカのチェーンストア

日本でも一九六九年後半に実施された第二次為替自由化で、外国企業へロイヤルティーを支払える制度になり、アメリカ式チェーンストアが展開されだしました。自称日本製チェーンストアも展開しています。しかし、アメリカでのチェーンストアと日本製チェーンストアは経営の本質が異なっています。まず「チェーン」の概念ですが、「チェーン」とは構成部品が全て同じという意味です。ネックレスの一つ一つの構成部品である鎖の輪は同一です。同じようにレストラン店舗が千店の時も一店の時もオペレーションは同一ということを意味しています。また、ハンバーガーレストランの場合、店が一店しかなくても、ハンバーガーのパティは、機械をフルパワーにして製造するのです。一店は手作り、五百店は通常生産、千店はフルパワーと製造方法を変化させてはいけないのです。一店の経営の仕方も、千店の経営の仕方も同一である事がチェーンストアの経営方法なのです。

日本マクドナルドの創業社長、藤《ふじ》田《た》田《でん》さんはハンバーガーの試食は最初から行っていない

と言われています。味の均一のチェックはスーパーバイザーの仕事です。

一九七一年七月二〇日の日本マクドナルド一号店開業当時の当面の出店目標数は三百店でした（アメリカの本部は百店を目標に考えていたようですが、藤田田さんは自らそのハードルを三倍にしたのです。）

社長は一店から数店までは、自ら定期的に味のチェックはできますが、三百店の味チェックが日常的にできるとは考えられません。二〇〇三年八月現在では四千店です。それで、藤田田さんは最初から店舗でのハンバーガーの試食はしなかったのです。

一九七一年六月一日にハンバーガー大学が開校しています。店長訓練学校です。一九七一年五店、一九七二年十四店の開業ですから初期は訓練所で良いのですが、組織上は三百店と同じにするために大学の設置が必要だったのです。銀座一号店の開業が一九七一年七月二〇日ですから、店長訓練期間は五〇日ということになります。

このようなアメリカのチェーンストアと比較して日本式チェーンストアが根本的に異なっているのは、私生活と事業所が物理的に分離していない事と加盟者が個人経営である点です。退職後軒先で低資本で開業できるとして日本製チェーンストアを展開した東京発のハンバーガーチェーンがあります。しかし加盟店の店主が他界して子供が自宅を相続した場合、相続者がチェーンストア本部の趣意を理解していない場合もありますし、何よりも店舗経営の意志がない場合はその加盟店は即時閉店です。他人に自分の家の軒先で営業させることは、通常考え難いのです。

また、関西発の餃子のチェーンレストランも本部・加盟者ともに代替わりをしていて、加盟店の大半の店で、餃子の売上高比率は一〇％未満に低下しています。加盟店の相続者は手間が掛かり利益の少ない餃子を作りたがらないのです。この餃子チェーンレストランの創業のコンセプトは最早破壊されており、現在はフランチャイズチェーンストアでもボランタリーチェーンストアでもないと言っても過言ではありません。

私生活と分離され且つ企業体制のアメリカ式ですと、本部はその企業を買収すれば、店舗の営業は存続させ得るのです。個人住居付きの店舗は買うことができません。器用に低資本の日本型チェーンストアを考えた、つけ、として、創業コンセプトの維持ができなくなるのです。

アメリカでは事業と私生活は完全に分離されています。

こうしたアメリカ式と日本式の違いのよい点を折中した形を考えた人がいます。それは小僧寿し本部の創業者の山木益次氏です。彼は、一九七三年頃アメリカのスーパーマケットチェーン店やレストランチェーン店の視察に参加しています。この時、現在の小僧寿しのコンセプトを発案したのです。現在のような握り寿司の販売をアメリカのファーストフード方式で行うことを考えついたのです。当初このような販売方法は日本人はほとんど理解していませんでした。

山木益次氏は握り寿司という商品よりは、日本型ファーストフード、販売方法に着目していたのです。「あんなのは寿司ではない」と酷評されていましたが、その後同様な店が沢山できています。考え方は間違っていなかったようです。しかも、自宅での個人経営の店にしない工夫もあります。加盟店に五店単位で出店させています。最初の店舗に、五店分の商品が作れる設備を導入させて、残りの四店に配送させるのです。五店分の設備ですから、生半可《なまはんか》な量ではありません。しかも、他に四か所出店するのですから、全て自宅という訳には参りません。自然と組織体制の経営になります。自宅と事業所は分離されることになります。後継者の居ない店舗を本部が買収することも可能です。

ボランタリーチェーンストアとフランチャイズチェーンストアの違い

チェーンストアは全体が同一資本の場合と、営業店舗の一部、または大半が別の企業の資本で経営されている場合があります。

全体が同一資本の場合は一般的な企業活動となります。しかし、企画を担当する部門・本部（Head Quater）と営業を行っている店舗の資本が異なっている場合で、利益責任が加盟店舗にある場合はボランタリー（志願兵）チェーンストアと表現し、利益責任が本部にある場合はフランチャイズチェーンストアと表現されています。

米語で「本部」はフランチャイザー Franchiser、「加盟店」はフランチャイジー Franchisee と表現します。本部は企画通りの営業を行えば約束の店舗利益がでるように指導を行い、加盟店はその見返りに指導料・ロイヤルティ Royalty と通常同額の広告料を加盟店本部へ支払います。

フランチャイズ Franchise とは参政権・特許が本来の意味です。特許は国家が権利を付与し、

見返りに特許料を国に納付する制度です。商業施設である店舗のフランチャイズは国の特許とは同一ではありません。**地域営業独占権**と訳すのが妥当と思います。本部が加盟店に地域営業独占権を販売する契約がフランチャイズ契約と言えます。

日本ではプロ野球のフランチャイズが知られていますが、これも地域営業独占権の販売です。西武球団は埼玉県の地域営業独占権、ダイエー球団は福岡県の地域営業独占権を持っています。フランチャイズ球場という表現のように野球場をフランチャイズと思っている方もいますが、球場そのものではなく県がフランチャイズなのです。ここでも日本製のフランチャイズが発生しています。セントラルリーグの東京の地域営業独占権はヤクルト球団と読売球団の二社が持っています。そして、地域営業独占権の販売がされていない道府県はどこの球団がプロ野球を営業しても良いのです。地域営業独占権は更に第三者へ販売されます。**副地域営業独占権**

Subfranchiseといいます。

レストランのホールセーラーWholesaler（一括販売店。和訳で問屋と訳されていますがこれは誤訳と言えます）が企画を提案し、他店舗・別資本のレストランが同一企画と屋号・店名で営業して、かつ利益責任は志願店にあるチェーンストアをボランタリー（志願兵）チェーンストアと表現します。コンビニエンスチェーンストアを除く日本式チェーンストアの多くがこの形態と推定されます。そして、企画・屋号・利益責任が全て営業店舗にあるのがアメリカの普通の店舗営業です。

レストランのホールセーラーはその地域全体のレストランの全ての要求に対応します。土地の斡旋、店舗設計・建築・保全、食材の配送、備品の補充など全てです。だからホールセーラーは一括販売店なのです。日本の問屋とは全く別物です。フランチャイズの加盟店も日常の仕入れはホールセーラーから行います。ホールセーラーはベンダーVender（売り手）とも呼ばれています。地域のレストランは自営業、ボランタリー、フランチャイジー全部が同一形態でホールセラーから資材や食材を購入しています。

企画の責任と利益の責任がどこにあるかで、呼称が異なっているだけです。アメリカでは本部は加盟店に食材などを販売していません。米国大陸を車で横断すると一週間かかります。全国展開のチェーン店では輸送費が嵩むだけです。一九七〇年代に全米自社配送をしていたチェーンレストラン三社も一九七九年のサンボス倒産で全てなくなりました。日本もアメリカも、本部生産の食品を購入することが条件の契約は、独占禁止法で禁止されています。加盟店が希望すれば、販売しても良いことになっています。

日本マクドナルドは藤田商店とアメリカのマックが、アメリカの本部から日本での営業独占権を購入して、日本国内は原則直営で店舗を展開しています。日本ケンタッキーフライドチキンも三菱商事とアメリカのＫＦＣが、アメリカの本部から日本の営業独占権を購入し、関東は直営店で展開し、中部地方や中国地方は、副地域営業独占権をそれぞれの企業に販売しています。

日本企業のチェーンストアレストランであるロイヤルは、福岡県周辺は直営、鹿児島はフランチャイズ、関西は大阪ガスとの合弁会社を作り、ロイヤルから地域営業独占権を買っています。名古屋も合弁会社方式です。関東は三井物産との合弁を最初図っていましたが、現在は原則直営です。北海道は既存の多店舗展開のレストランを買収して直営です。

デニーズはアメリカのフランチャイジーでしたが、現在はアメリカデニーズから商号の買い取りになっています。デニーズも、各地方をイトーヨーカドー関連の企業に地域営業独占権を販売しています。すかいらーくも原則直営店です。セブンイレブンは最初アメリカのフランチャイジーでしたが、現在は、逆にアメリカの本部を買収しています。

アメリカ式企業運営とティーンエイジャー

日本の企業運営とアメリカの企業運営はかなり異なります。日本では企画の立案者、経営者の社長、資本の出資者は、大資本の会社を別にすれば、ほとんど同一の人物が兼ねています。アメリカでは、資本家が企画立案者から企画を買い取り、そして、経営者・社長を募集します。資本家は経営者に対して企画に沿った企業運営を行い、予定・期待期間利益を上げることを要求します。そして期待期間利益を上回った時は、期待よりも多い部分の一〇%から五〇%をボーナスとして社長に支払う契約と一定期間期待利益を下回った時は即時解雇の契約をします。

つまり、企画立案者、経営者の社長、資本の出資者は、アメリカでは通常別人です。日本では同一人物ですから、社長は経営方針を任意に変更することが可能ですが、アメリカ企業の社長は、経営方針を自分勝手に変更することは許されていません。資本家との協議というより、契約のし直しとなります。アメリカの取締役会 Board は資本家と社長で構成され議長 Chairman は日本でいう会長です。なおアメリカ企業の Vice-president は副社長と訳されていまし

たが、現在、日本で言っている執行役員に近く、従来の役職では部長に相当します。Vice-president は Board に参加はしません。アメリカの企業は四半期・三か月毎に決算します。新社長は三か月で利益を出すことを強要されています。また、企画立案者も経営者もそれぞれの専門の大学を修了している事が条件です。当人の過去の実績を無視する訳ではないでしょうが、専門の訓練を受けていることが重要なのです。現場の叩《たた》き上げは通用しないのです。小さな企業を成功させ、さらに中企業を成功させても認知度は低いのです。ビジネススクールの経営学を終了して、始めて、経営者として認めてもらえるのです。

アメリカ企業の資本家や経営者は、手がけている事業が、好きとか嫌いとか、道徳的か非道徳的かに関心を持ちません。利益が出るか出ないかが大切で、私情はビジネスに無用なのです。投資に対する見返り return on investment が全てです。

アメリカの一九七〇年当時の、貧民食・ハンバーガーの日本への導入も、アメリカ式フランチャイズ方式で、アメリカ型経営で利益が見込めるということで実行されています。礼儀正しく伝統を守るという考えなどは問題になりません。

路上で立ち食い、包装材料の路上散乱、学校帰りの買い食い、子供・ローティーンだけでの飲食などの食事作法や行儀といったことは、アメリカ的経営にとっては別次元の問題だということです。ハンバーガーチェーンを非難している訳ではありません。四千店舗も展開しているということは、このような営業スタイルの店に対する潜在需要が日本に存在していたということです。さらに、北京やデリーやモスクワでも学校帰りの買い食い、子供・ローティーンだけでの飲食が繰り広げられているということを直視しますと、従来型の道徳観念を疑う必要があるのかも知れません。ローティーンの支持率は圧倒的です。

またアメリカ式の発想では、売った企画は立案者の物ではなく、買った者の所有物なのです。マック・ドナルド McDonald（ドナルドの息子と言う意味の姓・北欧系）兄弟が現在のハンバーガーチェーンの店舗の営業形態を考案しました。その店舗をレイ・ロック氏という人物が見て、マック・ドナルド兄弟にそのアイディアを売るように交渉して、マック・ドナルド兄弟は売却に応じました。すると数日後にレイ・ロック氏はハンバーガーレストランを開業し、マック・ドナルド兄弟に、この企画は私の所有である、マック・ドナルド兄弟にライセンスした覚えはないと言って、マック・ドナルド兄弟に閉店を要求し、実行させました。これがアメリカの企画売買契約です。契約は双方が合意しないと、契約内容は変更できないのです。

一九八〇年に導入した日本マクドナルドのレジスターシステムはアメリカのレジより進歩していました。そこで米国のマックは直営店のレジを日本の方式に直ぐに変更しました。しかし、フランチャイズ店のレジは従来のままです。そうです。コストがかかる設備投資を加盟店が同意しないからです。

一九八〇年頃までは、アメリカのマックドナルドもケンタッキーフライドチキンも郊外に出店していました。繁華街 down town で売れる商品ではありませんでした。しかし、日本では銀座という一流の繁華街に出店です。その後はどの国も首都もしくは元首都から出店していきます。アメリカは乗用車が交通手段ですが、他の国は公共輸送機関が発達していて、子供でも店に行くことができます。アメリカは十六歳未満は運転できませんから、子供だけでマックへ行けません。そして、一九八〇年の米国での一万号店はシカゴの繁華街、二万号店はホワイトハウス近くに出店です。日本での成功パターンが世界でのモデルになったのです。

外食の一品当たりの食材仕入れは主婦と同じ

一九九〇年、農林水産省で食品産業未来技術問題検討会が行われ、私も参加していましたら、休憩時間に参加委員と農林水産省の職員の間で、「外食産業向けの業務用農産物流通実態予備調査を、前年は外食事業者対象に、当年は卸売市場で行ったが、実態は全く掴めていない、次年度は産地調査をしてみよう」という内容の会話をしていました。これは何かおかしいと思い、財団法人外食産業調査研究センター発行の「外食産業統計資料集」を精査してみました。

一九八九年の農林水産省使用の広義の外食産業市場推定規模は二十五兆三千億円でした。給食も料理品小売業の売上も全て加えたものです（入場制限のある飲食店は除かれています）。有効な営業許可書はここ二〇年、二百万枚発行されていますから、外食事業所の上限は二百万箇所となります。この営業許可書はパン菓子製造販売者にも発行されていますので、食事や飲み物を提供している場所は百万箇所位です（約五十五万事業所が集団給食で、レストランや料理品小売店が約四十五万軒で二〇年間以上大きな変化はありません）。したがって、一店当た

りの年商は二千五三五万円となり、一番数の多い中位数では二千万円程度になります。食材費比率は約三十五%(八八七万円)でその内の青果物などは一二・三一%(一〇九万円)年間営業日を三一〇日とすると、一日当たりの野菜とその加工品の使用は三五二〇円となります。そして、約七〇%の事業所ではそれ以下の使用量です。加工品と生鮮野菜を七種類使用すれば、一日一品当たり五〇〇円となり、主婦が一回に買う一山五〇〇円と同程度の量です。飲食店や給食の事業所は毎日購入しますが、主婦が週一回程度の買い物と頻度は異なりますが、一回の購入量には差はありません。大規模レストランを除くと、外食の現場の購入単位は主婦の購入単位とほぼ一緒です。肉は十四・三六%なので、一日当たり四〇九二円の仕入れとなりますが、鶏肉も豚肉も牛肉を含めた金額ですし、それに、牛なら、バラ肉とかサーロインと部位により、更に細分化されますから、特定部位で比較すると、主婦がすき焼き用に購入する牛肉の金額の方が平均的レストランよ

り、高額になる程度です。

平均的外食産業の店の仕入れ活動は完全に、一般家庭の消費行動と同化しているのです。これは平均的なレストランから推測した食材動向ですが、今度は年商二億円という平均レストランの八倍の売上高のファミリーレストランで検証してみます。営業日は年間無休ですから日商は五十四万八千円程度です。この程度のファミリーレストランの一日当たりのキュウリ使用量は一箱、トマトも一箱、レタスは三日に二箱程度の使用です。チェーン店として千店お店があっても、千店纏《まと》めて消費する訳ではありません。一店当たりの野菜使用量は二億円の年商でも卸売り市場の流通単位である一箱以下なので、飲食店相手に業務量仕様の商品の需要はありません。

視点の位置を変えます。日商五十四万八千円とすれば来客数は、客単価千円としますと五四八人です。ロイヤルホストなどのメニューブックには百種類の料理が写真付きで載っています。全て平均に注文があるとすれば、一つの料理は毎日五食です。人気商品七~八商品で八〇%位占めますから、ほとんどの料理は日に二食程度です。核家族の料理数より小さいのです。この話を業務用農産物流通実態予備調査を行っていた委員を通じて、農林水産省に報告しましたら、外食産業向けの業務用農産物流通実態予備調査は打ち切りになりました。そして私に、平成四年頃までに、業務用農産物流通実態に関して、県や経済連、地方農政局から講演依頼がありました。農業関係者の動揺が顕著に現れていたのは福岡経済連の時でした。参考統計を配布して、説明をしている途中で、実態は把握したとして、これからの営農《えいのう》指導の足場を何処にするかの会議に早変わりしてしまいました。

北陸農政局が設営した、外食産業者向けの講演会の時も、農政局担当者の気持ちは、外食産業がもっと地場産業の食材を使用して欲しい、という気持ちで一杯でした。外食産業の仕入れの実態は、輸入品も地場農産物も一般家庭と全く同一です。別の表現をいたしますと、大部分の飲食業事業者は完全に地場で調達しています。二〇〇二年の輸入額は四二兆二二七五億円です。小売業売上は一三〇兆円です。単純には計算できませんが、輸入品に関税を二〇％載せ、値入率を四〇％としたら（粗利二十八％としたら）輸入品の小売額は七〇兆円となり、日本の小売店売上の半分が輸入品です。これが国産にかわることを期待しているようです。輸入品は世界一値段が安い所から購入しますから、一旦輸入食品に頼ると、大義名分のある国家権力の行使以外、輸入側の国の農産物生産の復活は有り得ません。外貨準備金を使い切り、為替管理による禁輸です。生産農家保護育成の名目で食品輸入禁止は、国内も、外国も容認しないでしょう。

ムダを省けば〝高利多売〟

日本語に薄利多売という言葉がありますが、企業は高利多売を狙わないと大きな収益は期待できません。しかし、高額商品では利益率は大きくても、たくさんは売れないので利益額は小さいのです。外食産業は、薄利多売に傾きがちなのですが集客力を高め、販売コストを下げる努力が必要です。

一九七〇年に未来商品開発の課題探し、研究テーマ探しを組織的に行ったことがあります。まず当時、利益額の大きい企業として、松下電器産業を取り上げケーススタディを行いました。松下電器の特徴は現在のカンパニー制度を採用していて、一つの商品は一つのカンパニーにしか生産させていませんでした（当時の法律ではカンパニーの概念はありませんでしたから、別会社、子会社になっていました）。しかも、新発売予定商品の候補が決まると、製造したいカンパニーが立候補し、かつ半年以内に発売可能なカンパニーに生産させるのです。つまり競わせながらコスト削減につなげる方法です。また、不買宣言の制度というものもあります。グ

ループ内企業が販売している部品の価格が他社より高いと、社内（グループ内）調達を拒否できる制度です。社内価格を高く設定すると、その部品製造のカンパニーも、使用するカンパニーも社外競争に負ける要因になるからです。

それでは食品や他の業界ではどうでしょうか。スーパーの地下の食材陳列はどこも大体同じになっています。それは、アメリカでの実験でそうした配列が一番お客様が食品を衝動買いするという結果に基づいているからなのです。

またあるコンビニエンスストアの直営店では毎週、商品配列を変化させています。意図して変化させて、利益率一％以下の変化を捉《とら》え、元に戻して検証し、それを何回か繰り返して、少しづつ利益率を上げていくのです。

銀座にある紳士服の安売り店が開業した時、アパレル評論家は、開店の現場を実地見学して、一言、これは高利多売だと言ったそうです。商品価格が高いからでなく、縫製工程に工夫があり、縫製コストを下げているのです。中国で縫製して多大な販売をしている洋品店では、見えている部分のデザインも縫製工程の削減のために、大きく変化させせいてます。見方によればちんちくりんの、良く言えば斬新なデザインの縫製です。

ロイヤルホストを展開しているロイヤルは戦後から一九六〇年までは日本最高のフレンチレストランやイタリアンレストランを九州で展開していました。昭和二〇年代の日本の高級レストランは福岡にあったのです。それ以降はセントラルキッチンで冷凍料理を製造し配送する方式で、料理の価格を引き下げています。

マクドナルドは過去39《さんきゅう》セット（ハンバーガーとポテトとコカコーラのセットを三九〇円で販売）や、ハンバーガー半額セールを行った際、評論家は薄利多売に走っていると評価しましたが、それでも経常利益率は八％以上を保っていました。上場企業の平均利益率は二％程度です。マクドナルドは薄利多売ではありません。

吉野家も並盛り二八〇円でしたが、経常利益率は一〇％前後確保していました。店舗利益は二〇％を超えています。ガストを経営しているすかいらーくも六％以上の経常利益率を確保しています。全体に言えることは、価値ある商品をより安く提供して、それ以上のコストを削減していることです。

アメリカでは販売価格を半分にすると売上高は一〇倍になるというマーケット理論がありま

す。日本マクドナルドは二一〇円のハンバーガーを百円で販売した時の予想販売量は十四倍強でしたが、実際は十七倍強売れています。

しかし、お客様はゴミはタダでも持って行きません。魅力の少ない商品は、値下げしても販売量の増加を見込めないのです。販売価格が低くなって数量変化がないのですから、単なる売上高減少です。

心理的にお客様を惑わす販売促進があります。正規の価格の航空チケットを購入していたら五〇機に一機の割合で搭乗者全員を無料にするという宣伝です。冷静に考えると僅か二％の割引率です。無料を狙うのではなく、格安キップを購入し続けた方が、期待割引率は大きいのです。

最後に生鮮食料品をデパートやスーパーで、閉店間際に値引きしている所が多くあります。売残るより換金した方が良いという考え方でしょう。値引きの見切り損の分を最初から安く価格設定をした方が、商品が鮮度の良い時に売れるのでお客様にとってためになります。売れ残る量を安易に仕入れさせるより、破棄した方が仕入担当者が緊張し、仕事の質が向上します。冷蔵庫のない魚屋は良く売れています。

T一一〇〇パレットのなぞ？

日本工業規格（Japan Industrial Standerd JIS）は経済産業省の管轄です。工業製品はこのＪＩＳに合うように作られています。一九九七年の秋に新日鐵の稲山社長の秘書を勤めておられた方におでんを食べようと誘われました。稲山氏は経団連の会長、そして、同時期に社団法人日本食品流通システム協会の会長もされていたので、この社団法人の事業で秘書の方と何回もお会いしていました。話の内容は食品流通システムで使われているパレットについてでした。

ＪＩＳには倉庫とトラック輸送の効率を向上させるために、商品を一辺が一一〇〇mmの正方形のパレット（敷板・敷台）に積んで、パレット毎倉庫に保管したり、移動させ、かつトラックにも、パレット毎積むようにしています。パレチゼイションです。パレットの移動はフォークリフトなどの機械で行います。移動、保管、積載の時に荷物の積み替えが不必要ですから、作業効率が良いのです。しかも、積み替え作業がないので、作業者の負担が減少し、ギックリ腰などの労働災害の防止にもなっています。

常温の商品に対してはT1100パレットはかなり普及してますが、作業環境が厳しいはずの冷凍食品には利用されていないのです。冷凍食品にもパレット使用の提言をしたいのですが、その前に何故冷凍食品会社が採用しないのか知りたいということでした。冷凍食品にT1100パレットを使用出来ない明確な、そして、馬鹿馬鹿しい理由があるのです。

それは、日本の道路の幅です。日本の車道は幅は二m五〇cm〜三m五〇cmで作られていて、大部分の道が二m五〇cm強の道幅でできています。冷凍車をT1100パレットにあわせて作ると、断熱材の幅五cmとしても二m三〇cm以上となり、外装や出っ張り部分を考慮すると車幅は二m四〇cm位になります。この車幅では対向車とすれ違うことはかなり難しくなります。つまり、T1100パレット対応の冷凍車は作れないのです。作っても自動車の型式認定や個別車検は通りません。工場や倉庫がT1100パレット対応になっても、トラックへの積み込みの時にパレットから荷を下ろすのでは、T1100パレットを使用する効果がほとんどないのです。冷凍トラックの問題だったので、過去何回提言しても実現化できなかつたのです。

この根本的解決は道路の幅を三ｍにすれば良いのです。これから百年かけても、道路の幅を広げるのです。そして、最低でもこれから作る道路は道幅三ｍは確保するべきです。このおでんの会以降、冷凍食品用T1100パレットの話は私の周辺では誰も口にしていません。逆の発想も可能ですが私が言いだすのには躊躇《ちゅうちょ》があります。T1100パレットをT1000の大きさにして冷凍食品のダンボール箱も少し小さくするのです（冷凍食品の定義は無菌状態の食品でダンボール箱に入っていることが必要条件です）。躊躇とはT1100パレットが何故一〇〇〇mmでなかったかということです。この一〇〇mm広い矩形に何か大きなメリットが介在しているのではないかと思っているからです。

ところで日本で最初の本格的冷凍食品を製造したのは、福岡のロイヤルです。ロイヤルは一九六三年に冷凍料理（冷凍食品）の研究に着手し、同時に中央料理研究所・セントラルケチンで調理した料理を各店に配送する研究に着手しています。ロイヤルは一九五五年に冬向けアイスクリーム市場掘り起こしとしてモナカアイスクリームの製造を始めていました。最初の中央料理所・セントラルケチンは一九六五年に完成、冷凍食品工場ロイヤルセンターは一九六九年に現在の博多区に作っています。同時にアメリカのハワードジョンソンと提携して、一九七〇年の大阪万国博覧会アメリカ館内のステーキハウス（百五〇席）とカフェテリァ（三百五〇席）の営業請負をしています。ロイヤルはハワードジョンソンの下請けとして万博で冷凍食品を使用したレストランを営業して六か月で十二億円以上売り上げています。ロイヤルは毎日冷凍食品を福岡市から大阪に冷凍トラックで配送していたのです。この距離はサンフランシスコとロス・アンゼルスの距離ですからアメリカでは遠距離とは言えない程度です。四〇〇席で半年間で十二億円ということは一〇〇席で年間六億円に相当します。ロイヤルホストは一〇〇席ですから、今のロイヤルホストの二、三倍の売上です。当時の物価（大学新卒の初任給で較べると物価は三分の一）を勘案しますと超繁盛店でした。超繁盛店の料理が不味《まず》いはずはありません。ロイヤルセンターの冷凍食品は美味しかったのです。ほとんどのお客様は冷凍料理とは認識していなかったのです。

レストラン業センスアップ

テーブルクロスは食器です

日本の食事作法の一つは食器を口元まで持ち上げて、食物をこぼさないようにすることですが、これは世界でも珍しい作法です。では、他の国々では食物のこぼれ防止はどうなっているのでしょうか?結論を先に述べますが、食物をこぼす事はさほど気にしていないようです。食物をこぼす事は薦《すす》められる行為ではありませんが、忌避《きひ》される程ではないのです。

テーブル上の料理を、フォークないしは手を使って、約三〇cmほど離れている口まで運ぶのです。当然にこぼす回数が多くなります。それを不作法とすると食事を落ち着いてとることが出来ません。それに膝《ひざ》掛けのナプキンまで用意されています。ナプキンは胸から垂らす物ではありません。大腿部に広げるものです。こぼすことが前提になっているのです。日本食の時、特に女性に多くみられますが、膝にハンカチーフを広げている方が居ますが、和食の時は本来薦められるものではありません。

ヨーロッパのレストランの中には、料理の食べかすを床に落とす、捨てることを売り物にし

ている店もあるくらいです。和食の発想では考えもつかない食べ方です。食物はこぼれる物だから、それを、全く気にせずに食べて下さいというメッセージなのでしょうか。ではフランス料理を食べている時、食物をテーブルに転がしたり落としたらどうしましょう。答えは何事もなかったように振る舞い、フォークや手で掴《つか》み直して、皿に戻すなり、口へ運べば良いのです。「ウァッ」とか「キャッ」とか声を出して周囲にこぼしたことを知らせる必要はありません。つまり、フランス料理など西洋料理のレストランのテーブルクロスは食器の一部なのです。日本ではフランス料理の時、パンは皿に載せて提供されているようですが、フランスではテーブルクロスの上に直接置いて提供されています。

　ところでフランスではフランスパンを裏返して置いてはいけません。言い伝えで、死刑執行場の近くのパン屋さんでは、死刑執行人のために、他のお客様が持って行かないように、パンを裏返しておくのです。死刑執行人は通常の人がパンを買う時間よりも遅くパン屋へ行くので、パン屋さんが、普通の客が買っていかないように裏返して陳列させていたのです。日本風に表現すれば、裏返しのパンは「縁起でもない」光景と言えます。私は経験していませんが、ギャルソン（英語でボーイ）がソーッと元に戻すそうです。

さて、テーブルクロスは食器の一部なのですから、一組のお客様が退店すれば、必ずテーブルクロスを交換します。テーブルクロスを交換しないのは、前のお客様が使用した皿を、次のお客様に洗わずに出しているのと一緒なのです。日本の軽食堂ではテーブルクロスをビニールなどで代用し、その上をダスターで拭くだけで、次のお客様を案内している所が多々ありますが、欧米人には奇異に映っていることでしょう。

お店が用意する食具で食べ方が判る経験をしました。帝国ホテルのフランス料理店でラムチャップ（子羊の骨付き胸肉）の香草焼きを注文したところ、ラムチャップの提供直前にフィンガーボール（レモンスライス入りの指洗い用水）が提供されました。骨がナイフで外しにくかったら、手で掴んでたべても良いのですよ、と言うメッセージだったようです。（フランス料理専門店で手づかみも可は初めての経験でしたが、良く考えるとフィンガーボールと言う手洗い容器があるのですから、食事中に料理を手づかみにする場合も多々あるはずでした。要は良く料理をこぼすのでしょう。）ラムチャップ肉は軟らかく、ナイフとフォークで切り分けることは容易でした。

アメリカンスタイルの卵料理メニュー

アメリカのレストランには朝食メニューに鶏卵料理が沢山載っています。日本のデニーズ・ジャパンでも卵を十三種類の料理に調理しますと書いてありました。日本式の目玉焼き（Fryed egg）はサニーサイドアップ Sunny side up、または、アップ Up と呼ばれている調理法です。太陽の上向きと言う意味合いでしょう。しかし、料理の過程に注目するとアメリカでの蒸《む》し焼き卵に近いと思います。これは鉄板の上もしくはソティーパンに卵をアップ状に落とし、少しの水を振りかけて、蓋《ふた》をして蒸し焼き卵（ベイスチッドと聞こえました。basted バター流し？↓水流し）にする調理方法です。日本では水は掛けませんがフライパンに蓋をして焼くことが多いので、蒸し卵とサニーサイドアップの中間の焼き方になります。アメリカで一番多い料理方法はターンナップ Turn-up 両面焼きです。卵を最初アップで焼き、次にターナー Turnner フライ返しで卵を裏返して、両面焼きにする方法です。この焼き方はレアー rare 半熟からメディアム medium 普通焼きそしてハード hard 堅《かた》焼きまで最低三種類の調理方法があります。

お湯に落として茹《ゆ》でる調理方法はポーチドエッグ Porched-egg 落とし卵です。何故袋状にした卵なのでしょう。黄身が溶け出ないように、酢入りのお湯に落とします。見た目は日本の温泉卵状です。次に種類が多いのがボイルドエッグ Boiled-egg 茹で卵です。茹で時間は一分間しか茹でない One-minute-boiled-egg から分刻みで茹で時間を長くして 15-minutes-boiled-egg 十五分間以上茹でるハードボイルド Hard-boiled-egg 固茹で卵まで七、八種類あります。映画に使用されているハードボイルドは固茹《かたゆ》で卵の意味なのです。7-minutes-boiled-egg あたりまで匙で掬《すく》わないと食べられません。1-minute-boiled-egg や 2-minutes-boiled-egg は日本式に考えると生卵《なまたまご》ですが、アメリカ人には boiled-egg なのです。卵を生《なま》で食べる習慣はありません。日本人研修生がローエッグ Raw-egg 生卵を食べて見せると、ストレンジ strange 気味《きみ》悪いと言われたそうです。

日本で食品研究者に尋ねたところ、アメリカの鶏卵は食中毒菌に汚染されている確率が高いので生卵は食べないそうです。しかし、一分でも熱湯に殻を浸せば食中毒菌の大半は死滅するので、一応殺菌調理済みと言えるとのことでした。あと、割と親しまれているのはスクランブルエッグ Scramble-egg 炒《い》り卵です。溶《と》き卵に牛乳を加え、塩と胡椒で味付けして、炒り卵にするのです。牛乳は、厚巻き卵に出汁《だし》が入っているのと同じ効果で、仕上がりがソフトに軟らかくなります。溶き卵そのままでは作りません。

次にオムレツ Omelet（英） or Omelette（仏）です。まずはフレンチオムレツ French-omelet です。溶き卵だけのと、ハムなどの具を全体に混ぜたオムレツがあります。溶き卵に具を均一に混ぜ合わせたものです。パフドオムレツ Puffed-omelet は白身だけメレンゲ meringue 泡状にし、黄身は牛乳で溶き、両者を合わせてフアッと仕上げたオムレツです。中にジャムなど甘い食材を入れてデザートに仕上げることも出来ます。ターンオーバーオムレツ Turn-over-omelet 包みオムレツはまず、溶き卵を上面が半熟になるまで加熱した後、具を上面に置き、卵をずらして、具が木の葉状にした卵の中心になるように、包み込んだオムレツです。アメリカで卵は何個使用するのかを聞いたら、怪訝《けげん》な顔をされました。オムレツは卵三個がアメリカでは常識だそうです。日本では一人前卵二個使用しています。アメリカ人から見ると容量不足のオムレツです。アメリカでは卵料理は朝食メニューの定番です。

アメリカのレストランのサラダには茹で卵 Hard-boiled-egg の半割が添えられていました。日本でも同じように盛り付けて提供することにしました。しかし、日本の固茹で卵は殻がなかなか取れないのです。卵の幕と卵白が外れずに、白身の表面が欠けてしまうのです。一回に五〇個ほど鍋に詰めて茹でるのです。卵同士で詰め合い卵を立てた状態で加熱すると黄身が茹で卵の中心に収まり、見た目が美しくなります。しかし、黄身が中心にあっても剥《む》き損《そこ》ないの卵では商品になりません。茹で卵は熱いし、殻は取れないのでイライラする作業でした。結局このアイデアは中止しました。

その後卵の調理を研究しておられる大学の研究者に尋ねますと、産卵後一週間以上経過すると、卵白と幕の間に気泡が発生して、殻が外し易くなるとのことでした。日本では産卵後数日の卵しか流通していませんが、アメリカの鶏卵は早くても一週間は過ぎていました。オーストラリアの大学で客員教授をしていた方にこの話をしたら、オーストラリアでは一か月経過していても新鮮卵として流通していたと言われました。

ちょっと一休み 食の雑学

千六本《せんろっぽん》という言葉があります。大根の千切りのことです。六本は中国語の蘿蔔《ルオポー》の日本語読みで水蘿蔔が大根にあたります。千六本とは千蘿蔔で千切り大根のことです。千六本を半分使用した後も、残りはやはり千蘿蔔で五〇三本ではありません。胡蘿蔔《フルオポー》は人参です。ほうれん草は中国語で菠薐菜《ポーレンツァイ》、菠菜《ポーツァイ》、薐菜《レンツァイ》です。普通には菠菜です。菠薐《ポーレン》は中国の西にあった古代国の名前です。同様にジャガタラ島（ジャワ島）から来たのが、ジャガタラ芋・馬鈴薯です。カンボジアから来たのがカボチャ・南瓜です。南方から来たと言うので南蛮はネギのことです。鴨南蛮は鴨肉と葱と香辛料が入った料理でカレー味だけではありません。南蛮漬けは魚や肉の空揚げを唐辛子を入れて数日漬け込んだ物のことです。

関東で言う薩摩芋は、薩摩・鹿児島では琉球芋、琉球・沖縄では唐《から》芋、唐・中国では甘薯《かんしょ》・甘藷《かんしょ》です。中南米原産の芋です。甘藷も甘薯も中国ではガンシュで発音も意味も同じです。甘い芋と言う意味です。中国ではこの芋の生産で一六〇〇年頃一億人の人口が十九世紀には四億人に増加しています。救荒食糧《きゅうこうしょくりょう》として優れ、薩摩芋の産地は江戸時代飢饉で餓死する人が少なくなっていました。

キャベツはcabageで英語です。日本語名は甘藍《かんらん》です。江戸時代に何回か渡来していますが、定着は明治時代以降です。トンカツの付け合わせ野菜です。消費量は第二次世界大戦後に増えました。焼き餃子の餡《あん》?中国では現在はポピュラーな野菜になっていますが第二次世界大戦以前はほとんど消費はありませんでした。日本の焼き餃子はキャベツが使用されていますが中国の水餃子は白菜を使用していました。キャベツは使用していませんでした。大蒜《にんにく》も入れません。バーミヤンの水餃子が中国の伝統的家庭料理の餃子です。

レタスはlettuceで英語です。日本語名は玉萵苣《たまちしゃ》です。乳草《ちちくさ》が元の名で、葉を裂くと白い液体がでます。結球しないのは、サラダ菜とも呼ばれています。イクラはロシア語で魚の卵という意味です。日本では鮭の卵に限定して使われています。

お茶はつばき科の木の葉で、各国とも中国語のチィァかテーの音をそのまま使用しています。葉を採取後、直ぐに加熱して酵素を失活させる茶、日本茶・深煎《ふかいり》茶と、半発酵の烏龍茶《うーろんちゃ》oolong-chaと、完全発酵の紅茶があります。紅茶は中国からヨーロッパへ茶葉を船輸送している間、赤道付近で完全発酵してしまったものです。中国大陸では七割以上が日本と同じ非発酵茶です。烏龍茶は福建省と台湾で愛好されています。

餅《もち》は中国では、小麦粉使用の丸い平たい食べ物を言います。ピンです。日本には飛鳥・白鳳時代には伝わっていたようですが、日本には小麦粉がなかったので、餅粉で代用品を作ったものが、モチとして残ったようです。

フランス語では丸い平たいものをpin《パン》と言います。食パンのパンです。フライパン・ソティーパンのパンです。月餅は中国語ではユィピンと読みます。月餅《ユィピン》は中秋の名月の月、九月前半に食べる小麦粉と餡《あん》の丸い食べ物全体を意味します。日本でお節《せち》料理と言えば正月に食べる料理というように、月餅はお月見のお菓子です。日本では一種類ですが、中国には何百種類とあります。そして、餡は蓮《はす》の実が最高とされています。小豆《あずき》のランクは高くありません。

牛肉のステーキの焼き方でレァー rare があります。レァー rare はナマ・生・ロゥ raw ではありません。肉の芯温（中心の温度）が五〇℃位になっている焼き方です。このためには、肉厚は一〇mm以上必要で、焼く時の品温は常温です。冷蔵庫から取り出して直ぐに焼くと芯温が低すぎて五〇℃にならず、ナマのままです。焼く前に、三〇分以上常温で放置しておいて下さい。五〇℃で牛肉の低融点の脂質が融けて口の中で滑らかに牛肉が感じられ、旨味も感じ始める温度です。肉厚が薄いと直ぐにウェルダンになります。

フライパン・ソティーパンは炒め物用の鍋です。本来は同じものです。決して煤《すす》けたのがフライパンで、銀色の金属色のがソティーパンではありません。フライは炒めることで、日本語のフライは英語ではディープフライ deep fry と言います。寸胴《ずんどう》は直径と深さが同一の筒鍋です。

フランス語でシノァ chinois は中国のことですが、調理用具にもシノァ chinois があります。現在はステンレス製ですが、昔は陶器製だったのでしょう。**円錐状の漉《こ》し器**のことです。英語でチャイナ china は中国のことですが、普通名詞にもチャイナ china があります。陶器のことをチャイナ china と呼びます。英語でジャパン japan は日本ですが、普通名詞にもジャパン japan があります。漆器《しっき》のことです。漆器には日本の湿度が必要です。

電子レンジ「チン」したら一分待つ

「電子レンジ」という電化製品に対して奇異な感情を持つ日本人はほとんどいないと思いますが、この製品の仕組みを考えると、「電子レンジ」という名前は間違っています。この電化製品が日本で最初に発売されたのは、一九六一年で約百万円（現在の物価では約千六百万円）でした。その時の商品名が「電子レンジ」だったのです。そして、メーカーが、この製品の呼称として、商品名を普通名詞として使用することに異議を唱えなかったので、現在は普通名詞として通用しているのです。

ところで電子レンジには電子に関する作用は使われていません。電波・ラジオ波（マイクロ波）が使用されています。電子レンジに割り当てられている周波数は二四五〇MHzで波長は一二・二六cmです。電磁波はマグネトロンという真空管で発生させます。ラジオの放送局が電波を発信しているのと同じ原理です。この電磁波が物体に当たりますと、物体の内に磁石の状態の分子があれば電磁波の変化に合わせて向きを変えようとします。電磁波は一秒間に二四五〇×一〇の六乗回プラス・マイナスが入れ代わりますので、この磁石も二四五〇×一〇の六乗回方向を変化させます。物質の中で磁石の力が一番大きいのは水です。次にエチルアルコールです。中性脂肪（油）も水の百分の一程度ですが磁石としての能力があります。電磁波が水の分子に当たりますと電磁波のエネルギーの九九％を吸収して水は大きく振動します。この振動の時、周囲の物質との間に摩擦熱が発生して、水の温度が上昇します。言い換えますと電磁波で水だけが加熱されて、周囲の物体は電磁波で温度は上昇しません。

各物質の電磁波吸収の早さはマチマチです。氷は水と比較しますと分子同士の結合が強いので氷の分子は振動し難いのです。立方体の氷の上面を（指の熱で）少し溶かして窪みを作り、ここに水を入れて電子レンジで加熱しますと、水の部分からは水蒸気が出ますが、氷は全く溶けません。水は蒸気になるほど加熱されますが、氷は全く加熱されません。半解凍の料理を電子レンジにかけますと、水の部分は沸騰して食品は焦げますが、氷の部分は氷のままです。半解凍状態で電子レンジ加熱をしてはいけないのです。

次に油を入れた容器と水を入れた容器を一緒に電子レンジで加熱すると、水は沸騰しますが、油の容器は常温のままです。同じように水を入れた容器と塩水（味噌汁を想定しています）を入れた容器を同時に電子レンジで加熱すると、水は沸騰しますが、塩水は少し加熱した状態です。

この実験から判ることは、異なった料理を一緒に電子レンジ加熱すると、一方の料理だけが加熱され、他方は全く加熱されないということです。異なった料理を一緒に電子レンジで加熱してはいけないのです。

電子レンジでは水蒸気が料理から抜けると、残った食品は常温のままです。電子レンジにかける時は蓋をして下さい。水蒸気がお湯になって料理に落ちて、その熱を他の食品に伝え、その熱伝導により、料理全体が加熱されます。電子レンジの加熱時間が過ぎても、蓋をしたまま一分間程度そのままにしておいて下さい。水蒸気の温度を充分に料理に伝えるためです。電子レンジ加熱で料理が直ぐに冷めるのは、水蒸気の温度を食品に伝える前に水蒸気を放散しているためです。

電磁波は角《かど》に集まる性質があります。角に接している所が早く加熱されます。必ず食材は面取りをして、角のない容器を使用して下さい。円形の容器が好ましいのです。

電磁波は金属に当たると金属に沿って滑ります。肉の塊《かたまり》に金串《かなぐし》を巻き付けて電子レンジ加熱をすると、金串に沿って焦げ目ができます。木製のお椀を金属の簀《す》の子《こ》に載せて電子レンジ加熱をすると、金属と接しているお椀の底が炭化することがあります。アルミ箔で容器を覆うと、中には電磁波が入れないので食品の加熱はできません。この原理を応用して、機内食では冷たい料理と温かい料理を一緒に電子レンジ加熱をしています。

卵は白身が固まると水蒸気の逃げ場がなくなり一瞬に爆発します。鶏卵を三～四個同時に電子レンジ加熱をすると、卵の爆発で電子レンジが変形することがありかなり危険です。魚の卵も烏賊《いか》も爆発しますので、避けて下さい。アルミ箔を撒《ま》くとスが立たない茶碗蒸しを作ることができますが、マグネトロンの出力が変化するとスが入りますので普通は作らない方が賢明です。

なお、一九九五年頃以降の電子レンジには、オーブン機能が付いたものが多いので、最近の電子レンジは加熱後すぐに蓋を取っても、料理は温さを保っています。

千客万来祈願〝盛り塩〟の隠れた効用

日本の料亭では江戸時代から、お客様出入り口のすぐ外の、玄関先軒下の一角に塩を円錐状に盛る習慣があります。これは千客万来のおまじないです。お客様が多数来店して、商売繁盛するように祈願する習慣です。

この習慣の起源は、中国の清の時代の怪奇小説「聊斎志異《りょうさいしい》」（作者は蒲松齢）の一話《いちわ》です。神世の時代、天子には大勢の妻妾がいました。そして、妻妾は天子の寝所の近くの一軒家にそれぞれ住んでいました。毎夜、天子は夜伽《よとぎ》の相手の家へ出かけるのです。ある天子は相手選びを牛車《ぎっしゃ》の牛に任せていました。牛が止まった家に入っていくことにしたのです。その事に気づいたある女性が、牛の好物である塩を入口の先に盛り付けたのです。牛は好物のあるその家に行き、塩を舐めるために、その入口で止まるのです。結局天子は連日その女性の元に通うことになりました。

この神話に因んで、来て欲しい人が、来ることを祈念して、玄関先に盛り塩する風習が、日本で始まりました。でもそれだけでこの風習が、日本で四百年も受け継がれて来た訳ではないようです。おまじないだけでなく、実利があるのです。

フジテレビのプロデューサーだった堀貞一郎氏はオリエンタルランドの専務取締役として、東京ディズニーランドの誕生に寄与されました。東京ディズニーランドはアメリカ式のマニュアルで事細かく園内を清掃し、美化を図《はか》っていたはずです。しかし、丁寧な清掃にも死角がありました。ある時堀貞一郎氏は、施設の入口の足下《あしもと》やドアの取っ手の部分が汚れていることに、気が付きました。毎日、園内を隅《くま》なく点検して来たつもりでした。しかし、どの施設の入口の足下も、ドアの取っ手も汚れていたのです。清掃担当者だけでなく、堀貞一郎氏も毎日見落していたのです。何故でしょう。

日本の家屋には、最初から意図して設計しない限り、入口に敷居があります。敷居は段差が、どの入口にも有ることを意味しています。また、初めての家屋を訪問する時は、ドアの取っ手に目をやります。それはそのドアが引き戸なのか、押して入るドアなのか、手前に引いて開けるドアなのか、判断するためです。ですから、来訪者は必ず、入口の段差を直視し、ドアを凝視します。

しかし、その行動はだいたい一回か二回で行わなくなります。自宅の玄関の敷居は見なくても、そこに存在する段差を体で覚えます。ドアの開閉も自然に行います。職場の入口の段差も

直ぐに慣れます。東京ディズニーランドはそこで働く人にとっては職場です。堀貞一郎氏を含めて、そこの従業員は施設の入口の足下やドアは、眼に映っていても、脳は認識していなかったのです。

でも、東京ディズニーランド来園者は全員汚れている入口の足下を認識していたのです。

料亭の盛り塩は、女将《おかみ》がする祭事です。女将は現場の責任者です。女将は盛り塩をする時は、必ず腰を落として行います。和服では中腰や立ったままでは盛ることはできません。

盛り塩とは現場責任者の女将が、腰を落として玄関先の石畳を見ることです。盛り塩をすると立っている状態よりも、玄関先の清掃状況が細かく見えるのです。職場の出入り口の敷居付近に従業員の眼が、行きにくくなっているのを、女将が無意識に清掃状態をチェックして、玄関先が汚れていない状態に保つ効果・実利があったのです。結果として、盛り塩をしない料亭の玄関先が薄汚れて客が離れていったのです。

レストランを含めて商店、販売所は、お客様にとって不要なものは全てゴミなのです。ファミリーレストランの駐車場に煉瓦製花壇があります。その花壇の砂や土が駐車場に落ちていれば、その土や砂はお客様にとって、ゴミです。ゴミとは紙や吸い殻や落ち葉だけではないのです。またレジスターの横に、割り勘をするお客様のために電卓があるのをみかけますが、この電卓も他のお客様から見ると不要品です。お客様の見える所に置いておく物ではありません。

不要なものは物だけではありません。壁や床のキズもお客様には不要な物なのです。盛り塩はお客様に不必要なゴミをなくす効果があります。入る時何か違和感を感じるレストランには店内にもお客様に不要な物が沢山あることが多いのです。

人種モザイク社会に大切なマニュアル

アメリカ型の経営方針を採用している日本の企業の中には、アメリカ式のマニュアルを活用しているところがあります。しかし、日本ではマニュアルに対する考え方に少し偏見があると思われます。「マニュアル通りの機械的な動作」と言うような表現です。米語で言うマニュアルの反対語はオートメーションです。マニュアル manual は「手動」でオートメーション automation は「自動」を意味します。マニュアルは人間が行う行動指針書です。「マニュアル通りの機械的な動作」とは「人間が行う機械的な動作」となり何か変です。何故日本では行動指針書が、無味乾燥な機械的動作と表現されるようになったのでしょうか。

その一つの要因は、多民族社会の無理解にあると思います。私は、二回のアメリカ体験で一週間ずつ同一場所に宿泊した時感じたことですが、アメリカはモザイク社会と言われるようにいくつもの異った人種、民族、宗教が同居している社会です。当然そうした人々の価値観は全く異なっています。このように異なった価値観の持ち主同士が穏便《おんびん》に生活するためにマニュアルは必要なのです。アメリカでは色々な物や、ちょっとした仕草でも相手の尊厳を傷つける恐れが多々あるのです。就労する時、就労させる時、相互に宗教や価値観を話し合うと大変な事になりますが、仕事の範囲、使用する道具、働く時間などをマニュアルとして整備しておけば、就労する側の者が、マニュアルを読んで、就労可能か否かを判断できるのです。

宗教観、価値観、民族習慣の摺り合わせには、事細《ことこま》かにマニュアルは作成する必要があるのです。しかし、儒教圏（日本・中国・韓国・台湾など）では極端に、考え方の相違は存在していないと言って良いので、作業内容を事細かに記載する必要はなかったのです。所謂常識の範囲で臨機応変に作業をしても事件にはならなかったのです。逆に常識の範囲であっても行動指針書通りに動くと機械仕掛けの人形のように、儒教圏の人たちは感じるのです。モザイク社会では相互に合意した以外の行動を取ることは、誰かの神様を冒瀆《ぼうとく》している可能性があるのです。そのような理由で、アメリカ人は定められた仕事以外何も行わないのです。

儒教圏の中心、中国でも、アメリカ式のチェーンストア・チェーンレストランを展開しようとしています。しかし、日本人が策定したマニュアルと同様に中国でもマニュアルは事細かくは作成されていないようです。中国で（日本式の）ラーメンのチェーンを経営している方が、当時の通産省の招待で日本に来られ、お話をした時、「ラーメンのタレは配送しているので全店同じ味であるが、白湯《ぱいたん》（鶏ガラスープ・サユではなくスープです）とは各店で合わせている

ので、ラーメンのつゆの味は一定になっていない」と表現していました。つまり、中国人は誰でも、常識の範囲で味見ができるので、最終味付けは各人に任せているということです。

しかし、店舗の調理人がアメリカ人とかインド人とか日常見たこともない国の人だったらどうするのでしょう。多分常識としてそのような人は採用しないのでしょう。アメリカ式にマニュアルを作るとしたら、タレを取る匙《さじ》Aと鶏ガラスープを取る匙《さじ》Bを特注して、タレは匙《さじ》Aで一杯、白湯《ぱいたん》は匙《さじ》Bで一杯採り、両者を合わせるように指示することになります。中国では適当な柄杓《ひしゃく》で味を決めているのでしょう。

天安門広場の近くに本店がある北京ダックのお店、全聚徳もチェーン展開していると言っています。ここも、店毎に味が異なっています。中国では支店経営の店舗もチェーンストアと表現しているようです。

アメリカでチェーンストアと言えば全店マニュアルで規格化されていますので、どの店の売り方も、商品も同一規格です。日本マクドナルドはアメリカでの店舗運営と同じにしています。日本マクドナルドの広報誌では「一店見て下さい。一店見れば全部のマクドナルドを見た事になります」という趣旨が書かれています。一店の時も、百店の時も、千店になっても、全店同じなのです。

日本マクドナルドは初期に日本の食品製造者とトラブルを起こしています。それは、一店の時から機械をフル稼働して食材を製造する事を要求したからです。挽肉のパティを作るメーカーは趣旨を理解して、一店の時から機械を全開していました。当然に稼働時間は短くなります。しかし、バンズというパンを受注したパンメーカーは手作りのバンズを納入していたので、日本マクドナルドは直ぐに取引を停止しました。多くの日本のメーカーはチェーンストアの趣旨やマニュアルの趣旨を理解できていなかったようです。

モザイク社会だから、アメリカではマニュアルが必要と述べました。一九七九年にサンディエゴ近くのハンバーガー店には、定職のない客が沢山いました。一九八〇年頃までアメリカではハンバーガーは貧民食でした。そこで、感じたことは、かりにハンバーガーの大きさに差があると、店員が銃殺されそうな雰囲気でした。

店の名前とブランドイメージ

天津甘栗《てんしん》を大部分の日本人は知っています。そして天津が渤海にのぞむ港であることも多くの日本人は知っています。一九八四年二月に野村證券の中国経済視察団の一員として、北京へ渡り、天津市の経済特別区と大連の経済特別区の視察をしてきました。この時、北京から天津への移動中、外の景色を見ても、栗林《くり》は見あたりませんでした。

冬の中国大陸の農地は草も枯れ、乾いたようにも、湿っているようにも見える灰色の大地が地平線まで続いており、木立は道路にそった街路と、多分畑の境界地と思われるヒョロヒョロした一直線に植えられている木だけでした。冬の中国大陸は乾燥しているのですが、匂いや見た感じは湿度の高い匂いでした。特に北京空港には湿った匂いが強く、日本人は直ぐに北京空港の匂いを覚えます。

天津の経済特別区で交換して受け取った名刺には、裏に英語名、漢字の読みを表記したものではなく、メリーとかエリザベスのような名前が記載されていました。欧米人は欧米の名前以外覚えられないので、外国人と接触する中国人は、中国名の他に欧米型の名前を持っているのです。

それはともかく、意を決して「栗林はどこにあるか」尋ねてみたら、「天津市では栗は採れない」と怪訝《けげん》な顔をされました。詳しく聴くと、栗は河北省（北京市や天津市と接触する省）で採れるのです。日本で天津甘栗と呼ばれているのは、天津港より、輸出された栗のことなのです。天津は栗の産地ではなかったのです。中国人は天津甘栗という単語、物品名を知りませんでした。同じようにモカコーヒーはイエーメンのモカ港から輸出されるコーヒー豆のことで、モカ港でコーヒーは栽培されていないのです。

こうした例はいくつもあります。川越の薩摩《さつま》芋《いも》も川越産とは限りません。関東で薩摩芋生産を定着させた青木昆陽の入植記念碑は、関越自動車道所沢インター近くの所沢市にあります。すぐ東と北は三芳《みよし》町です。薩摩芋は江戸中期の三富《さんとめ》（現在の三芳町の上富《かみとめ》、所沢市の中富《なかとめ》と下富《しもとめ》）開拓で大量に作付けされました。青木昆陽の碑の北側から川越市の南側に位置します。この三富《さんとめ》は開拓される以前は、江戸時代の落語では逃げ水現象が発生する三つ目小僧の住処《すみか》とされていた場所です。夏の地面からの蒸気で空気がユラユラ揺れて逃げ水が発生していた原野だったのです。三富《さんとめ》の薩摩芋は一旦、交通の要所であった川越に運ばれて、江戸へ送り出されたのです。それで、江戸の人は川越の薩摩芋と呼んだのです。

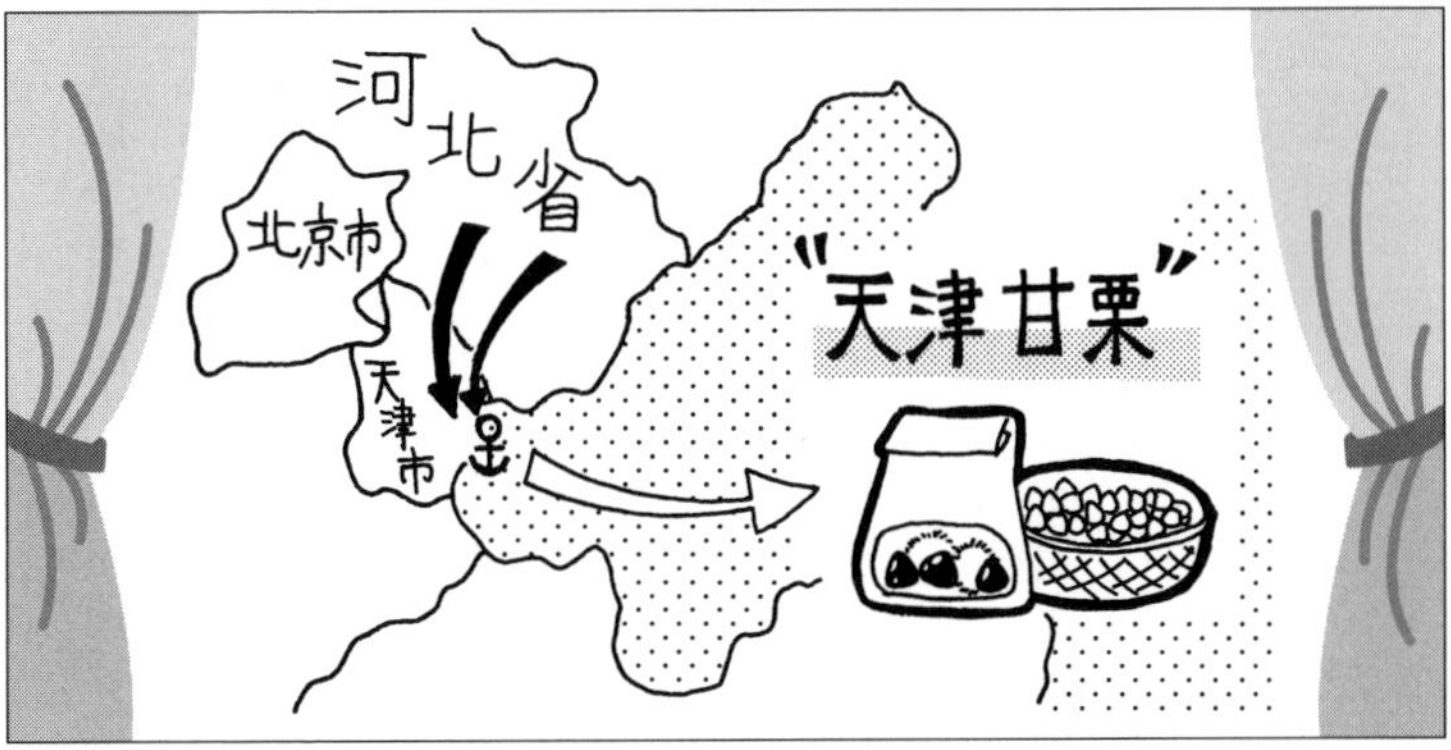

日本の東京ディズニーランドは東京都ではなく、千葉県浦安市にあります。カリフォルニア州ロス・アンゼルスのディズニーランドもロス・アンゼルス市ではなく隣のオレンジカウンティ郡のアナハイムにあります。これは、外国や遠方に住んでいる人々にどの方向に施設があるか認識して貰うためです。アナハイムのディズニーランドや浦安のディズニーランドでは知名度が上がらないのでしょう。

東京の新宿高島屋は渋谷区にあります。すかいらーく国立《くにたち》一号店の敷地の大半は府中市です。国立市に店舗が存在しているのではありません。東武東上線の下赤塚駅は板橋区下赤塚にありますが、レストランジョナサンの下赤塚店は練馬区にあります。下赤塚駅は道路を挟んだ向かいにあります。道路が区界です。店名は地名よりも最寄り駅《もよりえき》の名前が採用されます。来店の際一番判りやすい名前が、最寄り駅の名前なのです。すかいらーく国立一号店の最寄り駅がJRの国立駅だったのです。

新宿高島屋が渋谷区にあると認識されだしたのは、地域振興券の使用の可否からです。新宿高島屋で新宿区の住民が地域振興券で商品を購入しようとした時、ここは渋谷区の地域振興券しか使用できないと、店で断られたと、マスコミで報道されたからです。新宿高島屋の最寄り駅は中央線代々木駅ですが、代々木駅より新宿駅の方が知名度が高いから、新宿高島屋と命名したのでしょう。

地名を商標にするような場合、商標として認められるのは原産地で製造されている商品に限定されるようになってきました。シャンパンはフランスのシャンパーヌ地方で作られた発泡ワインに限定されています。カメオはイタリアのカメオ村製作のアクセサリーだけに許された商標です。貝殻のアクセサリーだけではありません。最近主張されだしたのは、モッツアレチーズです。イタリアのモッツアレ地方で作製された水牛の乳のチーズに限定して使用するということです。

関サバや関アジは関《せき》漁業協同組合の規格に合格したサバやアジの商品名です。隣の漁業組合が同じ場所で水揚げしても、関漁業協同組合の規格に合格している訳ではありませんから、商品名としての関サバや関アジとは名乗ることはできません。

ディズニーランドの日常完全忘却テクニック

アニメ映画を多数制作したウォールト・ディズニーが一九五五年にカリフォルニア州オレンジカウンティ郡アナハイムにディズニーランドを建設する時、新しく作る施設の課題・コンセプトとしてテーマ・パーク theme park という単語を造語したと言われています。ウォールト・ディズニーの回顧録には、「子供用の遊園地ではなく、大人が過去の楽しい日々を取りもどし、若者が未来の挑戦に思いをはせる場所」、「恋人同士が楽しく過ごせる場所」、「これまでにない遊園地を作るのだから、何処にも視察に行く必要はない」とあります。そのためには、現実を完全に意識から奪い去る必要があり、現実を思い出させてはいけないのです。冒険の国では冒険だけを、西部劇では西部劇だけを、お伽《とぎ》の国ではお伽《とぎ》の世界だけを作りあげ、来園者にハラハラ、ドキドキの空間と時間を提供するのです。

現実からの隔離ですから、テーマ・パーク内から自然の山や、人工の建造物が見えてはなりません。まして、電線や高圧線が見える作りはテーマへの思いが欠如していますし、自然との調和と言って汚い漁港に隣接させたり、一般道路を走っている車が見える施設もウォールト・ディズニーが造語したテーマ・パークの趣意《しゅい》ではありません。

カリフォルニア州のディズニーランドへは一九七九年の春に訪れました。タクシーで行ったのですがディズニーランドは砂漠の中にありました。まず駐車場の広さが半端でなく巨大なのです。駐車場には細かく地名と地番が付いており、この地番を忘れたら自分の車に戻ることはできません。そして、駐車場内を周回バスが走っており、これで遊園地の入り口まで行くのです。遊園地に近い場所にホテル群がありました。園内に入りますと、砂漠ですから電線などは見えないのは当然ですが、隣接するホテルの影も見えないように作られていました。

この施設では、再来園客確保のため、毎年一〇%の施設を入れ替えています。工事は来園者の少ない十二月と一月の一期間閉園して一気に作り替えています（東京ディズニーランドは年中来客していますから、囲いを作ってその中で工事をしています）。五年経過すれば、三～四割の施設が変わっていることになります。それと同時に各地区に変わらない施設も確保していきます。ジャングルクルーズ、カントリーベァ、イットアリトルワールドなどです。確実に変化はしているが、昔の思い出も残っている仕掛けです。

日常生活の完全忘却ですから、建築資材搬出入、レストラン食材の搬出入、キャスト（従業員）の出入りはお客様の目にとまらないようにしています。広い園内ですが、ミッキーマウス

のようなキャラクターの着ぐるみも一匹しか見えないようにしています。その仕掛けは地下にクレーン車走行可能な大きな地下道が縦横に走っており、日常性の行動は地下道を通って行うので、来園者には見えないのです。

ディズニーランドの施設には他の遊園地にはない仕掛けがあります。順番待ちの通路は建物の中で外壁に沿って一周しています。施設の入り口からアトラクションに到達するのに三〇分位かかります。この建物の中で待たせるのは、お客様が風雨に曝されるのを防ぐのが主目的ではありません。一つは来園者が並んでいる所が外から見えませんから、どのアトラクションにも抵抗なく入れるのです。そして、主目的は、待っている間アトラクションで発せられる音を来場者に聞かせて、アトラクション到達前に、気持ちを高ぶらせるのです。アトラクションに到達した時には来園者は興奮状態です。冷静に考えるとイッツアリトルワールドは水溜まりの横に人形が並んでいる所を箱舟に乗って引っ張られているだけです。

それでも人気アトラクションなのです。順番を待っている時の、期待する気持ちが大きい程楽しい時間をお客様が作り出すのです。

もう一つは闇と光を効果的に使用して、興奮させるのです。ディズニーランドのアトラクションは安全第一なので、絶叫型マシーンではありません。しかし、興奮させられます。暗いトンネルと急に開けている視界が効果的なのです。擬音《ぎおん》も大切な要素です。

アメリカのディズニーランドの遊歩道には側溝がありませんでした。捜しても判りませんでした。上手に隠していると勝手に判断しましたが、実際はここは砂漠なので雨は滅多に降りません。年間で数日だけ降ります。降ると雨水は遊歩道を流れて、膝《ひざ》の深さ位まで溢れているそうです。（カリフォルニア州のレストランの設計図を良く見ると雨樋《あまどい》はありませんでした。）砂漠での雨ですから、来園者は濡れても喜んでいるそうです。日米の違いとして、日本では天気の良い日はレストランの売上は伸びますが、カリフォルニア州では天気の良い日は、皆、野山に、キャンプに出かけるので、レストランの売上は減少するとのことです。遊園地の来園者も減少しているようです。

理想の栄養バランス〝日本型食生活〟

日本食で食事構成を一汁一菜とか一汁三菜と表現する事があります。汁は味噌汁だったり澄《す》まし汁だったりしています。菜は現在は和洋食・中華料理等で構成されている料理の事です。しかし、実際の食事構成はこれに（炭水化物主体の）主食と茶（ソフトドリンク）が付いている事は、日本人の間では、暗黙の了解なのです。多くの日本人が海外駐在から帰国した時や、十日ほど海外旅行をして帰国した時、味噌汁とメシを喰いたいと叫んでいます。海外の食事ではメシも汁も自動的に供給される事はありません。

日本では健康維持のための食事構成を、主食二分の一、主菜四分の一、副菜四分の一とも表現しています。主食とは炭水化物主体の料理（メシやうどん・ソバ）、主菜は畜肉や魚で蛋白質や脂肪主体の料理、副菜とはそれ以外のビタミンやミネラル含有の多い料理の事です。

しかし、日本では主流の主食という概念は、漢民族の文化圏では理解されますが、それ意外の地域・文化圏では広く理解されている概念とは言いにくいのです。（中国語でもメシや饅頭《マントウ》を主食《チュスイ》と言いますが、私の独善的推定では経済《ジンジ》という単語と同様に中国語本来の単語に、日本語の意味を付け直した外来語なのでしょう）しかし、各国の栄養学者には一九八〇年以降、日本での食習慣が理解され始めています。それは日本とアメリカの栄養関係の科学者が個別に、一九八〇年に日本で消費された食材の栄養素バランスが栄養学者が推定している理想のバランスになっていた事を発見し、一九八〇年の日本の食事構成を「日本型食生活」と呼ぶようになったからです。世界の多くの地域・民族では、パンもライスもスパゲッテイもビーフステーキもクラムチャウダーも同等の料理であり、差別はないのです。ただ、世界的傾向として、炭水化物食品は安価で、高蛋白質・高脂質食品は高価なので、低所得者は炭水化物過多の食事をし、高所得者は蛋白質・脂質過多の食事構成になる傾向にあります。それで前者を東南アジア型食生活、後者を欧米型食生活と呼び、その中間を日本型食生活と呼ぶのです。日本の食事構成のように必ず炭水化物料理が摂取される習慣は少なく、東南アジア居住の資産家も欧米型食生活へシフトしています。

したがって、主食を意味する外国語の概念はなく、日本の米を主食として紹介する米語訳はStaple Food like Japanese Rice（日本の米のような基本食物）と説明的にならざるを得ないのです。主食二分の一、主菜四分の一、副菜四分の一の食事構成を保持している日本人は、世界生活水準と比較して高所得者になっても、西暦二千年現在の脂質の摂取がエネルギーベース

で二十五%を少し上回っているだけで留まっています。主食の概念が存在する限り、蛋白質過多や脂質過多の欧米型食生活へ急激にシフトすることはないようです。

日本における主食の概念が国民健康の基礎になっているのは喜ばしい事ですが、農林水産省の表現「米食を主体とする日本型食生活」の表現には（歴史的経過を考慮すると）抵抗があります。それは戦後直ぐにアメリカ占領軍が日本の児童健康保全のために学校給食制度を勧告した時、当時の農林省は米不足を理由に、文部省へ米の供給を断ったのです。さらに農林省関係機関の科学者のお話ですと、本省の依頼で「米の消費を抑制する目的で、米を食べると頭が悪くなる」と発言されておられたそうです。それが原因かどうかは定かではありませんが、アメリカ占領軍が小麦粉を放出して、給食の主食がコッペパンになったのは事実です。そして、副食は国連支援の脱脂粉乳で蛋白質補給を行ったのです。敢えて農林水産省のために付言します。学校給食が米飯でなく、パンになったのは、農林省が給食に意図的に協力しなかったからではなく、協力したくてもできないほど、食料不足が逼迫していたからです。青少年の健康よりも、国土復興のために成人や壮年への食料確保が優先されたのです。

当時配給の食物だけで生活した検察官が栄養失調で死んだほど食糧難は深刻でした。お米の配給制度は第二次世界大戦の最中、日本全体が食糧難になったとき、国は少ない食料をできるだけ公平に分配するのを目的に導入された制度です。この、米配給制度は、誰も予知出来なかった現象も伴っていました。高松市にある香川大学教育学部の先生が、郷土の食文化の伝承のために、徳島県との県境で、聴き取り調査をした時でした。ここの古老が「米のメシを始めて食べたのは、配給米が支給された時だった」と言ったそうです。都市部では誰でも、糅《かて》メシ（薩摩芋や麦や大根で増量したご飯）だったとしても、戦争前は米のメシを食べられたのです。しかし、四国の山間部では米の栽培に向いていなかったこともありますが、貧しくて米を購入できていなかったようです。配給米は国民の多数の方の苦悩でしたが、福音と感じられた方々もおられたのです。

沖縄県の長寿のもと 昆布・梅干し・豚肉

現在の沖縄県は明治時代の末期に琉球王朝が断絶し、琉球県として日本に帰属しました。当時は台湾も日本の領地でしたから、地理的には鹿児島県と台湾の間に存在する島々が正式に日本国に帰属しただけです。

沖縄県は江戸時代の始めに薩摩藩に属国として一時占拠されましたが、直ぐに薩摩藩は退去しました。同時に清国も琉球を属国と見なしていました。琉球民族から見ると、清国と薩摩藩の両方に支配されていたのです。しかし、清国にも薩摩藩にも、滅ぼされずに長らえたのは、琉球文化が高かっただけでなく、琉球が軍備を全くしていなかったからです。小説イワンの馬鹿（作者トルストイ）を実際に行い、戦禍を避けて来たのです。薩摩藩が撤退したのは、琉球が清の属国として、朝貢《ちょうけん》貿易をしていたからです。結論から言えば、北海道の昆布を清《しん》に貢ぎ、漢方薬を貰ってきたのです。中国は大きな国なので海産物は海岸より二〇km以上遠い場所には生ものとして運べません。従来の中華料理の海産物は干物でした。その中でもミネラル豊富な昆布は日本でしか採れません。昆布は中国では貴重な薬だったのです。

清国は朝貢《ちょうけん》貿易以外は鎖国をしていたので幕府や薩摩藩は清国とは貿易ができなかったのです。しかし薩摩藩は富山の置き薬商人（越中《えっちゅう》富山の薬売り）を使って松前《まつまえ》（北海道）藩から回船《かいせん》で昆布を福井に運び、中継して薩摩に昆布を運んだのです。中継地福井では、トロロ昆布やオボロ昆布に加工して京都や大阪にも運びました（トロロ昆布は昆布の表面に平行に削ったもの。オボロ昆布はトロロとして削った昆布が薄くなり、削れなくなる寸前の昆布を重ねて接着し、接着したものを今度は表面と直角の方向に削ったもの）。そして薩摩藩にもたらされた昆布は琉球を通じて清へ運ばれたのです。

朝貢品には品質の良く見栄えの良い物が運ばれ、残りは琉球で消費に回りました。その結果今日沖縄県は一人当たりの昆布消費量が全国一となっています。

沖縄の首里《しゅり》城は主殿の両脇に建物があります。薩摩からの視察団と清の冊封使《さっぽうし》・見回り団を接待する場所を完全に分けていたのです。清の冊封使に薩摩藩のことは絶対に秘密でした。薩摩藩も日本料理や生け花などの芸能を琉球に持ち込んでいましたから、両者が交わらないように、接待する場所を区分する必要があったのです。

薩摩藩は清からの漢方薬を京都の問屋で幕府役人立合で開封しました。薩摩藩は売上の一部を幕府に上納することで貿易を続けたのです。この漢方薬は清から見ると密輸品ですが、江戸

幕府はポルトガルと中国には開港していましたから、密輸品になりません。また、沖縄では豚肉料理も多く食べられていますが、それは冊封使歓迎料理に豚肉が必要だったからです。一六〇〇年初期に養豚が始まり、一七〇〇年頃は琉球人も食べ始めていました。冊封使は多いときは数百名、長いときは半年沖縄に滞在しました。百人当たり一日豚八頭を消費するとして計算すると、かなり多くの豚を飼う必要がありました。冊封使がいない間は琉球人の食材として消費しないと、養豚業を続けることができません。その結果沖縄県の豚肉の消費量も多くなったのです。

沖縄県は梅干しの消費量も多く、一位の県とは僅差《きんさ》の二位です。沖縄県では事実上梅は採れません。梅林は読谷《よみたん》の近くに数haありますが、梅の実はほとんど採取できません。沖縄人の梅好きの理由は全く分っていません。梅干しは紀州産が大半です。しかも、甘い梅干しです。糖蜜を掛けて食べます。沖縄の方は、梅の清涼感が受けているのでしょうと言っている程度です。沖縄では小粒の梅干し菓子が最近はやっています。このお菓子の原料は台湾産の梅です。この小梅菓子の前に明治製菓が発売した菓子も、沖縄県は梅味にしてありました。

沖縄県は長寿の県です。その一つに豚肉料理が挙げられています。しかし、琉球出身の琉球大学の教授のお話ですと、豚の角煮は月に数回程度しか食べていないそうです。この教授は琉球王朝滅亡後途絶えていた琉球宮廷料理の一つ「豆腐ヨウ」を研究して製法を再確立されています。現在沖縄で豆腐ヨウを製造販売している方々はこの教授の教え子です。豆腐ヨウは堅めの琉球豆腐を泡盛（焼酎）に漬け、紅藻菌《こうそうきん》で発酵させたものです。チーズに似た独特の臭いがあります。伊豆諸島のクサヤやメキシコのチリビーンほどは、クセはありません。

食器の持ち上げは下品な作法？

日本食を食べる時の、基本的作法は食器から食物をこぼさないように、食器を利き腕とは反対の手で食卓から持ち上げて、落下食物の受け皿にする食べ方です。しかし、食事をする時、食器を食卓から持ち上げる動作は日本だけの習慣です。カップやグラスの使用時をのぞくと、食器を持ち上げる食事作法は、日本だけです。

世界には現在、箸やフォーク等の食具を使用せずに、手で直《じか》に食べている地域・民族は多々存在していますが、片腕は忌《い》み、食事に使用する手はその反対の片腕のみである事が多く、食物を盛っている容器・食器を持ち上げる習慣はないと言えます。とくに隣国朝鮮半島では、箸やスプーン以外の食具を持ち上げる事は、最低の作法とされています。通常の社会生活から追放されるほどの粗野な行動とされています。朝鮮半島では日本人を歴史的表現として倭人と言いますが、同時に、同じ発音の矮人を当てて、食器を持ち上げる醜い奴と揶揄《やゆ》しているようです。しかし、日本の経済力が強く、また日本型食生活が賞賛されだすと、少なくとも日本食を食べる時食器を持ち上げる事は容認されだしています。

私は食品関係有識者として、中国国務院関係機関からのビザで何回か渡航しています。一九八三年は商業部、その後は対内貿易部、そして華日食品流通系統委員会が中国側の対応機関でした。(日本ではビザは外務省の所管ですが、中国では各省庁の外務官が発行しています)中国側の責任者は副部長(次官級、中国では部長は日本の大臣に当たります)がほとんどで、自分達だけのホテルでの食事をのぞくと、歓迎宴と答礼宴なので、正式な中華料理の作法に則《のっと》って食事をしていました。その時小皿などの食器を持ち上げて食事をしていた高官はいません。また、充分の菜《ツァイ》・料理が提供されたので、最後に炭水化物主体の料理も食べた記憶もありません。しかし、一九九七年一〇月に内蒙古から太源へ、食品工場を視察しながら、バス移動をした時は事情が異なっていました。この時は中華人民共和国でも、主食(米・小麦粉と油)以外の副食は自由化された後で、かつ住居も個人所有となり、市や省主導のコンビニエンスストアも沢山設置された後でした。中国では一九九五年頃から、外観や売り場では日本のコンビニエンスストアに類似した店舗が、各市主導で多数展開されています。

蘭州《ランジュウ》市の場合、各店舗の裏には製粉場と精米場が併設してあり、有事の際の食品供給基点になっています。そして、商品の大多数は軍関係の工場生産品でした)。それで、食品製造の大会社の社長達は国家英雄として、審議官級待遇の身分で政府への協力を要請され、かわって、

政府から各食品製造会社へ責任者が派遣されている過程でした。
　昼食は主として工場の幹部との会食と懇談会でした。創業董事長（社長）や工場長やライン長は普通の中国民間人です。茶碗にメシを盛り、箸は、突き箸に迷い箸その他日本でも禁止されている作法のオンパレードでした。日本食の食べ方と中国一般市民の食事作法には大差ありません。
　日本文化に大きな影響を残したのは、遣隋使と遣唐使です。最初の遣隋使の場合は派遣官僚等が位階を持っていなかった（日本に位階制度がなかった）のでそのまま帰国し、その後位階制度を急遽《きゅうきょ》定《さだ》めたほどです。遣唐使にしても、当時の唐の文化・財力から見れば、貧相な田舎者でした。高度な唐文化には触れず、庶民の生活行動を唐の文化と錯誤し、それが、室町時代から桃山時代に洗練された食作法に変化したものと推定できます。
　中国民間人は日頃よりも、少し豪華な料理を外国人である日本人と食べて、興奮していたと見え、中国では粗野な食べ方食事作法とされている食器の持ち上げも平気でしていました。もちろん日本では正式食事作法としての食器持ち上げです。

食器の持ち上げを作法として日本に持ち帰ったのと同じような間違いに、戎《えびす》・夷《えびす》があります。この文字のほかに日本では恵比寿をあてています。中華思想では漢民族だけが文明人でそれ以外は野蛮人なのです。東の野蛮人を東夷《とうい》と呼びます。南の野蛮人を南蛮と呼びます。西の野蛮人を西戎《せいじゅう》と呼びます。北の野蛮人を北狄《ほくてき》と呼びます。朝鮮や日本は東夷に相当します。推測するに、遣唐使などを東夷と呼び、意味を聞かれた時、唐人がめでたい神とでも教えたのでしょう。意訳して、**恵比寿講**が出来たのでしょう。中国語の意味からは**野蛮人祭り**となります。

朝鮮半島では食器の持ち上げは不作法と言いました。しかし、朝鮮族女性の食事の正式な座り方は、片膝《かたひざ》立ての座り方です。日本で女性が、客人の前で片膝立て座りをしたら、一生嫁に行けない、破廉恥な女になります。日本人には考えられない不作法が、朝鮮族の礼儀作法なのです。国際社会では色々な考え方があるのです。

噛み切る料理　啜《すす》りこむ料理

日本食の食べる作法で、人前で食物を噛み切る行為はさほど気にかけていません。しかし、肉食主体の欧米では、文明社会が整備するに連れて、人前で食物を噛み切る行為は忌避《きひ》されるようになりました。とくに女性は行ってはいけないのです（アメリカでは都合の良い社会的約束があります。それは、ハンバーガーは噛み切る食べ方の料理、ホットドッグは野球やアメリカンフットボールの観客席でたべるものだからナイフやフォークなしで噛み切る料理、バーベキューも野外食事なので噛み切りして良いというTPO対応型のタブー破りです）。

日本では素麺《そうめん》は噛み切らないと食べられません。素麺は本来は数kg（数貫目）の小麦粉から、油を塗って伸ばしに伸ばして一本の紐状に作りあげる麺類だからです。江戸時代には長い素麺を長いまま食べることが流行りました。

日本では、和風ビーフステーキ・サイコロステーキも一口大よりもやや大きめのカットですから、男女問わず噛み切って食べています。黒和牛肉や赤和牛肉は柔らかく作ってありますから、アメリカ育ちの牛肉より、噛み切るのに抵抗がないようになっている事も確かです。しかし、アメリカのレストランでは駄目なのです。

一九七〇年頃日本式のサイコロステーキのレストランがニューヨークで開業しました。火を大きく起こしたり、包丁式の要領で、ステーキをカットするパフォーマンスで素早くニューヨーカーの心を捉えました。しかし、客足は数週間で途絶え閑古鳥レストランになったのです。

評判はダントツ、客足はサッパリなのです。レストラン経営は壁に当たりました。そのような中、ニューヨーク滞在の長い日本の商社マンが来店して、店に一つのアドバイスを与えました。それはカットを小さくする事です。店は気づいていませんでしたが、来店した女性客は、大きいカット牛肉は口に入れる事ができず、かつ、提供されている箸ではステーキはカットできないのです。結局、来店した女性客全員が、肉を口にできないで帰って行ったのです。これではアメリカ人の客は来ません。アメリカの私生活は夫婦同伴が普通です。店がカットを小さくしたら、店はたちまち繁盛店へと変貌しました。経営者のアメリカ名ロッキーとともにアメリカンドリームをなし遂げたのです。包丁式の要領で肉を細かく切るにはかなりの熟練を要します。

次に啜《すす》り込む食べ方です。これは、食器を持ち上げて口元に近づけないと出来ない食べ方なので、正式食事作法では日本にしかありません。日本の饂飩《うどん》・蕎麦《そば》も細長い麺類です。啜り込

むのが食事作法です。粗野な食べ方としては中国人も上手に啜り込む事ができます。中国には多数の麺と麺料理があります。ラーメンと呼ばれる麺もあります。しかし中国の拉麺《ラーミエン》と日本のラーメンは全く違います。

蘭州《ランジュウ》の拉麺《ラーミエン》は伸ばすだけです。油を塗っていない素麺《そうめん》です。ドゥを伸ばして半分に折りまた伸ばす。これで二本、また半分に折って伸ばす。これで四本。次に八本、十六本、三十二本、六十四本と伸ばして作る麺です。蘭州一の職人は髪の毛より細く引っ張ることができました。これを髪菜《ファーツァイ》「髪の毛のような料理」と呼びます。そして、発音が似ている発財《ファーツァイ》「財産を作る」の意味を込めて食べます。そして、蘭州の拉麺は牛肉の味付けで牛肉麺《ニュウロウミエン》という麺料理です。甘粛省蘭州市特産料理です。牛肉を使う料理は中国にはあまりありません。

しかし、欧米では音を出して啜り込む作法は厳禁です。この啜り込む食べ方は提供するスープ・汁物の温度にも影響しています。アメリカではスープ類の湯煎の温度は六十五℃以上で日本は七十五℃以上と決められています。それは、汁を啜り込む時、周囲の空気も同時に啜り入れ、汁の温度が下がるので、温度が高くても飲む事が出来るのです。衛生管理上七〇℃以上にすれば、菌類が増殖する事はなく、安全なのです。アメリカの六十五℃湯煎のスープに湯幕はあまり発生しませんが、日本での七十五℃湯煎では蒸発が大きく湯幕が張りスープの味が濃くなりますので、湯差しが必要です。**日本の発明品であるカップ麺**はいまや世界食ですが、麺の長さは、日本以外では、カップヌードルは数cmの長さで、啜り込まなくても食べられる長さになっています。日本人だったらフォークに巻いて食べればと思いますが、一般的に外国人はそのような発想はしないようです。

スイスでホームステイしたハイティーンの女性が日本食として饂飩《うどん》を打って提供したら、数cmにカットされて、悲しかったと言っていました。スパゲッティやスパゲッティーニの細さだとフォークに巻いて食べられますが、うどんの太さでは日本人以外では、それも出来なかったようです。

メシと味噌汁とお茶がそろえば日本食

日本人は世界各地区や国の料理を種々雑多に食べていると、日本人は思っています。しかし、日本に来ている外国人は、日本人は全員日本食を食べていると感じているのです。

そのギャップは何だ？私は一九七九年にギャップを感じ、悩み続けて一九九三年に納得しました。一九七九年は私が所属していた、（株）すかいらーくがアメリカのレストランチェーンコーヒーショップレストラン・サンボスと提携して、日本でサンボスを展開しようとしている時です。

若いアメリカ人女性と話していた時、レストランすかいらーくの印象を尋ねると、日本食レストランには行かないと言い、さらにすかいらーくのピッツアはグリージー（多分べちゃべちゃと言う意味）と表現していました。一九八〇年当時、レストランすかいらーくはハンバーグやエビフライ、ピザ、スパゲッティを提供している洋食屋と、多くの日本人が受け取っていたはずです。一九八四年は筑波万国博覧会の年でした。中華人民共和国の政府関係者の来日団も何組かやってきました。団長は多くは審議官級の官僚でした。筑波万国博覧会視察後は、日本外食事情視察となり、すかいらーく筑波店での会食にお誘いしました。私が用意した料理はデラックスハンバーグステーキコースでした。構成はコーンポタージュスープ、デラックスハンバーグ、野菜サラダ、ライスまたはパン、果物、コーヒーです。

視察団の団長は、中華料理での慣習に従って、最後に挨拶を必ず行い、その内容は、「大変おいしい日本食を食べました」というものでした。一人だけではなく全団同じ内容でした。首都サミットの時来日した北京市長も同様の発言をしていました。中国の正式な会議は一連の協議後餐廳《サンティーン》（フルコースレストラン）で中華料理を食べて、最後に主催者側の責任者が挨拶として会議全体を総括して終了となります。しかも、主催者側の責任者は最後の会食にだけ出席します。ちなみに主催者側のナンバー2はナンバー1の真正面に座っています。主席の対面は日本では末席ですが、中華料理では要人席です。宴会の最終挨拶は責任者の正式な重要な行事なのです。中国の審議官級が正式挨拶でふざけているとは思えません。

それから五年経過して、香港を彷徨《ほうこう》していた人が書いた随筆を読みました。随筆の一段落では、表参道のフロというフランス料理店のフランス人ウェーターは若い日本人女性には笑顔でフランス語で話しかけ、男の自分には無愛想に日本語で話しかけて来た。そして、貧乏人の著者にも、口に合うフランス料理であった。それが、フロというフランス料理店の経営者が、（株）

すかいらーくだったからだとありました。フロジャポンの取締役工場長もフランス人です。この方はフランスの料理専門学校で経営を学んだそうです。

一九七〇年頃著者が当時の歌手アグネス張《ちゃん》さんにインタビューした思い出があります。来日して奇異に感じたのは「丸々太った美味しそうな鳩が沢山いるのに誰も獲らない事」「ステーキとか何とかをご飯と一緒に食べる事」とあります。そして、「香港では、ハムエッグは味が限りなく中華味でも、トーストと食べるものでご飯とは食べない。ステーキもパンとは食べるがご飯とは決して食べない」そうです。日本ではどんな料理もご飯と味噌汁とお茶で食べるのです。日本人は主菜の種類で各地域の料理と判断していますが、外国人からは何にでもご飯と汁とソフトドリンクを付ける食べ方を日本食と感じていたのです。しかも、料理は必ず個人毎の少量盛りです。これは明治中期まで主流であった箱膳の流れなのです。日本料理は個人毎のお膳である箱膳に盛り付ける事を前提に献立されているのです。明治末期に関東で大流行した卓袱台《ちゃぶだい》は家庭での食習慣を変化させましたが、料理屋では折敷《おしき》が個人のお膳として使用されていて、料理の提供方式は箱膳から変化していません。レストランすかいらーくのデラックスハンバーグステーキコースは正にこの用件を満たした日本食だったのです。ライスにコーンポタージュスープにコーヒーを日本食の骨格として、野菜サラダ、ハンバーグステーキ、果物が個人盛りで付いていたのです。

よく考えて見ますと、日本にある外国料理専門店も、母国の文化を固守している所は別にすると、ライスを用意しているところが多いのに気が付きます。西洋風ファミリーレストランも、神戸屋とあと数チェーン店以外ライスを用意してあります。やはり、日本のレストランは外国人から見た日本食で商売をしているのです。アグネス張《ちゃん》さんも日本人と結婚していますから、もう、メシと一緒に世界各地の料理を食べる事に驚かないでしょうが、欧米の都市、日本の都市以外の、鳩はどの国も一晩で捕まって食べられているようです。日本に小学校三年生から住んでいる芸能人セイン・カミユさんの番組でも、黒人の方が「自分の国では、鳩はきっと翌朝には一羽も残っていない」とカタコト日本語で話していました。公園の鳩は欧米流文明の約束事なのでしょう。何故ならフランスでは野生の鳩料理Pigeons rôtisがあるからです。アグネス張《ちゃん》さんの長男の名前は和平《かずへい》くんですが、中国語の意味は和平《ハーピン》と呼んで平和の意味です。平和《ピンハー》は性格がおとなしいという意味です。

口の中で好みの味をつくる器用な日本人

日本独自の食文化には主食の概念があります。どちらかと言えば無味のメシがさらに独自の、食のライフスタイルを生んでいます。

あえてご説明しますと、メシは調理科学会で採用されている学術用語で、粗野な言葉ではありません。ご飯と呼ぶ事も多いのですが、白米を炊飯したものだけでなく、食事全体も、ご飯と表現していますので、ご飯が炊飯米《すいはんまい》を指しているのか、食事を指しているのか、曖昧《あいまい》にならないように炊飯米をメシと表現しています。炊《た》くと言う加熱方法は、米の場合、最初は茹《ゆ》でている状態、次に水分が少なくなり煮る状態になり、その後蒸《む》す状態と、加熱方法が変化する独自の調理方法です。無味のメシと表現いたしましたが、メシには少し味があります。この味は、米を茹でている時、米の低分子の炭水化物が水に溶け出し、煮て水分が少なくなると溶けていた低分子炭水化物が析出《せきしゅつ》して、米粒の表面に付着し、蒸している間に、両者が一体化して、出来るものです。舌の味蕾《みらい》は低分子の物質を味として感じているのです。米の調理でもこの炊く方式にしないと、白米独特の甘み、うまみは米に付きません。さて、日本の主食、主菜、副菜そして汁の食事構成のもう一つの特徴は、ソフトドリンクの茶を別にすれば、箱膳の特徴として、最初から同時供卓《きょうたく》されます。どの食材から食べても、複数の料理を同時に食べても良いことにあります。逆に一つの皿の料理を、更にその皿の端《はし》から順番に食べる食べ方は、「ばっかし食い」と表現して、そのような食べ方を行わないように注意されます。フランスでもルイ王朝時代までは、毎食事に百品程度の料理を同時に提供し、王様は好きな料理を何皿か食べていました。そして、残った料理は「王様の料理」として、他の貴族に売っていました。現在のようなコース料理の提供方法は、極寒の地ロシア料理の提供方法に倣《なら》ったものと言われています。

何種類かの食材を同時に口の中で咬みますと、毎回違った味が、口の中に広がります。味付けの濃い料理はメシと一緒に咀嚼《そしゃく》する事で、各人の好みに合わせて口内で調味し直されることになります。このように日本人は幼少・子供の時から、味の濃い料理も、淡泊な味の料理もメシと一緒に食べることで多彩な味を経験しているのです。日本人は加齢と共に、淡泊な味付けを好む傾向が強いのは、種々の味を体験しているから、自然と体が生理的に望む味を選択する能力を取得しているのです。これと比較して、日本食以外では、調理人が調整した味以外を体験することは少なく、多くの味を知ることはできません。したがって体が求める味を選択する能力に乏しいと言えます。西洋料理の注文時に、ウェーターから味付けに関して事細かに聴か

れるのは、お客様の好みの味を提供しないといけないからです。日本人は口の中で適当に味を変化させることができますが、世界的には提供された味が、料理の味です。日本ではこのような注文の仕方に、欧米人は個人主張が強いためと理解されていますが、実態はお客様に口中調味《こうちゅう》の能力がないためと推定されます。

口中調味経験者は加齢に伴い、塩分や脂肪分の摂取を控えるべき時期に、塩や脂肪の少ない食事方法を自然と採用するので、過度の肥満体にならないように思います。欧米のように、成長期の人も、加齢者も同じ味付けでは、高齢者がエネルギー摂取過多になるのは当然です。

舌・味覚で感じる旨味《うまみ》は、成分はグルタミン酸モノナトリウム塩です（グルソーと省略することもあります。味の素の社長名鈴木さんを文字って、スズキ酸ともいいます）。旨味は日本人独特の味覚で素材の味を引き立てる効果があります。旨味を加えた口中調味は素材の味そのものを体験できます。出された料理をそのまま食べたり、ケチャップやソースで料理の味を単一化する食べ方では、素材の味を楽しむ文化は生まれません。鶏の肉質改良に関する研究で、鶏肉の味そのものを向上させる研究はほとんどが日本人によるものです。欧米での鶏肉の研究の大半は、増体方法の研究です。新潟大学のある研究者は、国際学会で鶏肉の味の改質について発表した時、アメリカの研究者から、塩胡椒（シーズニング）やケチャップやソースで味付けすれば済むのに、何故無味な鶏肉の味の改質が必要か理解出来ないと言われたそうです。

やはり旨味の文化や口中調味の習慣を持つ持たないでは味覚に大きな差がでるようです。しかし、最近、この旨味は日本食文化の国際化に供って、世界から注目されています。

口中調味と同様なことは着物にも言えます。和服は着丈や胴回りの調整は着る人が着付けの時に調整できますので、よほど大柄な人でないかぎり、サイズは全員同じで良いのです。しかし、背広（Civilian Suit 市民服の日本語読み）は各人の体型に合わせて作るのが一般的です。

香辛料を求めて大航海へ

ヨーロッパの歴史には大航海時代がありました。これは香辛料産地へ、陸路ではなく船で到達するのが目的の一つでした。ヨーロッパは北大西洋海流の影響で他の同緯度の地方よりも暖かなのですが、かなり高い緯度です。ローマは北緯四十一度四十九分、パリ北緯四十八度五十八分、ロンドン北緯五十一度九分に対して、函館北緯四十一度四十九分、札幌北緯四十三度三分、稚内北緯四十五度二十五分です。ローマは函館と同じ緯度です。ロンドン、パリ、ベルリンは樺太の緯度です。かなり寒冷地です。

西暦千年頃三圃《さんぽ》農法が考えられ始め、牧場、農場、休耕地と一つの農地を毎年、利用の仕方を変えて、地力の低下を防ぎ、農作物の収量安定を図る必要がある程、痩《や》せた土地なのです。しかし、餌の倹約のために、晩秋には種豚を除いて豚は全てと殺して塩漬け肉にして保存します。しかし、畜肉は徐々に腐敗して、二月下旬になると、城塞都市であったヨーロッパの都市では、伝染病防止のために保存肉を一斉に廃棄する必要がありました。城塞都市での伝染病は都市全滅の危機になるので、強制廃棄です。保存塩蔵肉を廃棄する前の数日が謝肉祭でした。謝肉祭・カーニバル carnival の元の言葉は、ラテン語の carnem levare で肉を除くで、ローマ時代の冬至祭りが原型だったのです。つまり、ローマ時代は冬至までしか畜肉は食べられなかったのです。それが十一世紀には塩蔵技術の向上と香辛料の使用で二月末まで保存期間が延びたのです。

こうした事情で新規に効用がある香辛料を東洋から運んでくることは、食料保存期間の延長や食糧増産と同じ効果を持ったのです。大航海は手段を変えた農地拡張だったのです。農地拡大は戦争で隣国を占領することになりますが、香辛料確保には戦いは要りません。

香辛料は、賦香《ふか》（食べ物に良い香りを賦与する）、矯臭《きょうしゅう》（嫌な臭いを矯正する）、辛味《からみ》付け（強い味で腐敗肉の味を隠す）、着色《ちゃくしょく》（見た目に美味しく見せる）などの効用があるものや食べ物・畜肉の腐敗防止の効果がある植物の、果実、種子、葉、花、蕾、樹皮、茎、根、鱗茎の総称です。この香辛料スパイスの定義も厳密ではなく分類する人により異なっています（ハーブの定義はもっと曖昧《あいまい》で、草であれば匂いや何か生理的に効果があると信じたモノは全てハーブになるようです。したがって香辛料もハーブに含められているようです）。

これらの効用は食物の第三次機能にあたり、体内での生理調整効用や薬効もあります。中国や日本では、漢方薬として、滋養強壮に使われていたものです。漢方薬の中には香辛料もはい

っています。漢方薬名と香辛料名を併記してみます。
茴香《ウイキョウ》＝フェンネル、大蒜《にんにく》＝ガーリック、生姜《しょうが》＝ジンジャー、丁字《ちょうじ》＝クローブ、薄荷《はっか》＝ペパーミント、唐辛子＝レッドペッパー、白胡椒＝ホワイトペッパー、黒胡椒＝ブラックペッパー、芥子《からし》＝マスタード、八角《はっかく》＝スターアニス、月桂樹＝ローリエ、鬱金《うこん》＝ターメリック、桂皮＝シナモン、肉ずく＝ナツメグ・メース、もっと沢山あります。

香辛料は単一植物です。混合物に対しては使用しません。一味唐辛子は香辛料ですが、七味唐辛子は香辛料ではありません。オールスパイスと言う香辛料は中南米原産の、一種類の植物の実ですが、味がシナモンと胡椒とクローブを合わせた味がするので、オールスパイスと命名されています。あくまでも一種類の植物です。混合物ではありません。ソーセージは、ソルト・塩とセージと言う香辛料を使用した豚の内臓保存食のことです。白胡椒は胡椒の完熟果で黒胡椒は幼果を乾燥したものです。幼果は皮が取れませんので黒く見えます。

味や香りは黒胡椒の方が優れていますが、日本では黒い斑点が料理に残るので余り使用されていません。胡椒の種類は百種類以上ありますが、香辛料として使用できる胡椒は数種類だけです。ナツメグは肉ずくの果肉と種子を含んでいますが、メースは果肉だけです。肉ずくは虫歯予防効果があります。

日本のレストランのハンバーグにはナツメグが使用されています。香辛料の原産は多くは熱帯地方ですが、日本原産の香辛料はわさびや山椒です。香辛料の分類に従うとカボスやスダチも香辛料になっています。使用方法で玉葱も香辛料になります。日本原産の香辛料は、日本人が香辛料として使用している訳ではなく、外国人の分類で香辛料にされているのです。わさびや山椒やカボスなどは日本では薬味といいます。西洋わさび・ラホールはわさびの辛みと同じですが、化学式は微妙に違います。

江戸時代にもあった ファーストフード

蕎麦《そば》は安土桃山時代まではソバ掻《か》き（ソバ粉をお湯で練って板状にして水に浸して食べるお菓子の一種）として、指でソバの塊《かたまり》を掻きながら食べていました。豊臣秀吉は関白になってもこのソバ掻きを好物にしていました。ソバ粉をお湯で練って板状にする時、形を柿の葉にして、葉脈を書いていましたので、蕎麦柿とも書きます。そして、ソバ粉をお湯で練って板状にした後、現在のように細長く切って食べる蕎麦切りに変化しました。大阪冬の陣の頃です。その後（一六六五年頃）、このソバキリをあらかじめ茹《ゆ》でて置き、お客様が来るとすぐに、大平椀《おおひらわん》（大きく平らな椀）に一人前分盛って提供する「けんどんソバ切り」となり、お客様は注文して直ぐに食べることができるファーストフードに変化しました。「けんどんソバ切り」の営業は無愛想で貪欲《どんよく》だったことから、けんどんは下品な飲食店の代名詞となました。無愛想な態度を「突っ慳貪《つっけんどん》」と言い、ソバを入れて運んでいた箱も転じてけんどんと呼ばれています。

ソバ切りはタレに浸けて食べるものでしたが、ファーストフード化して、職人が利用し始めると、一回ずつタレに浸けるのが面倒だと、タレを茹でソバに掛け「ぶっかけ」て食べるようになりました。このぶっかけを期《き》に、茹で麺をお湯で温めて、暖かい汁をかける「かけソバ」が考えられました。そして、一部のソバ屋は流行の最先端を担うようになり、派手な服装の若者が集う場所になりました。今風に言えばディスコで、ソバが提供されました。

元禄の忠臣蔵・討ち入りの集合場所もソバ屋でした。火消《ひけ》し装束《しょうぞく》で白昼集まっても、江戸の町民に不審に見えなかったのは、ソバ屋にはそれに負けない派手な衣装が集まっていたのです。火消し装束は木綿布を刺し子で丈夫に縫い合わせたもので、防火服と同時に、刀が通らない鎧兜《よろいかぶと》に相当する防護服だったのです。それに、忠臣蔵・討ち入りで使用された槍は四尺（室内で振り回すのに六尺の槍は長すぎるの）で、火消しの鳶《とび》と同じ程度の長さだったことも、江戸の町民に不審に見えなかった要因と推定できます（鎧兜で防御し、槍で、寝間着の相手を三人で襲うのですから、赤穂藩の浪人に死傷者が出なかったのです。幕府は忠信を奨励していましたから、主君の仇討ちでは処分できず、死傷者に後傷《うしろきず》があり、背後から斬るのは武士の行動ではなく、野党の行為として赤穂藩の浪人を処分したのです）。

ソバは江戸市民に支持され一八六〇年には（振売《ふりうり》などの夜鷹《よたか》ソバを除いて）三七六〇軒もソバ屋があり、身近な喫茶店的存在になっていました。江戸のソバは二八ソバと言い蕎麦粉八割・

つなぎ二割の割合でした。けんどんソバ切りが出来た直後の一六八〇年は六文、一八四〇年頃十六文になり、一八六五年頃二〇文そして直ぐに二十四文に高騰しています。九九の二八＝十六文が語呂合わせになっていた期間は二十五年と短い期間でした。

次にテンプラです。語源はイタリア語の tempora 昇天祭かポルトガル語と私は推定しています。この日は畜肉禁止の日で、野菜や魚の炒《いた》め物を食べる日です。ポルトガル人が江戸の初期に食べていた料理を日本人が、何の料理かと尋ねた時、テンポラの日の料理と言う意味で、テンポラと答え、日本人が料理名と誤解したものと推定しています。料理名は一六六九年の奥村久正の「食道記」が最初とされています（一説には徳川家康はごま油で揚げた鯛のテンプラの食中毒で死んだとされていますが、これは江戸中期あたりで、吹聴《ふいちょう》されたのではないかと推定しています）。

大坂の利助が山東京伝に天麩羅の看板を書いて貰った

一七八一年は、江戸で天ぷらが大層流行っていました。そして、一七八五年には立食い屋台《やたい》の天ぷらが出現して、これも歩きながら食べるファーストフードになったのです。

現在のような握り寿司は一八二〇年頃江戸本所《ほんじょ》の与兵衛、鮓《すし》の初代華屋与兵衛の考案とされていますが、一七八七年の商標集「七十五日」には江戸前寿司やにぎりずしの店が紹介されていますし、一七七〇年にはすしの屋台が多数存在していた記録もあります。恐らく現在のような一口サイズの握り寿司を華屋与兵衛が考えたのであって、江戸時代になり、めしに酢を混ぜる早寿司が考えられた以降の、何処かで現在の天むすのように、具を酢飯の握り飯に載せて食べる事が考えられたものと推定出来ます。一七七〇年にはすしの屋台で酢飯に漬け《づ》け（マグロの醤油漬け）か煮た穴子を載せたものを買い、これもまた、職人が次の仕事現場まで、歩きながら食べていたのでしょう。これもファーストフードだったのです。

〝外食〟というもの

一九七〇年は日本の外食元年

外食関連の評論家の中に「一九七〇年」を外食元年と表現している方々がおられます。一九七〇年を境として日本の飲食店事情は大きく変化しています。しかし、その理由をレストランすかいらーくの一号店である国立店が一九七〇年七月七日に開業した年と言う方もありますが、これは理由としては明らかに間違っています。日本では毎年数百万の事業所が創設され一年以内に九十七%が廃業しています。今もどこかで開店している店があります。それを一々何々の元年とは普通言いません。実は、一九六九年に為替の第二次自由化が行われた結果一九七〇年にケンタッキー・フライド・チキンなどの外国企業と提携したレストランが日本で開業し、在来の飲食店との競争が激化して、飲食店の顧客サービスが変化したからなのです。

日本は一九四五年ポッタム宣言を受け入れて、無条件降伏をして、敗戦しました。

敗戦により、日本経済は破綻し、配給食料だけで生活していた検察官が餓死するほど、経済の疲弊《ひへい》、食料不足は深刻でした。しかし、一九五〇年に勃発《ぼっぱつ》した朝鮮戦争は日本に軍事特需を

もたらしました。アメリカ軍は繊維製品を日本で調達したのです。糸偏景気が発生し、日本の軽工業・繊維産業が復興しました。しかも、世界最新鋭機械装備の工場が揃《そろ》ったのです。その後十五年間は日本の繊維業は世界無敵でした。そして、一九五八年頃粗鋼と造船の生産量が急増しました。軽工業で稼いだ外貨で重工業・基幹産業を復興させました。復興した輸出産業は外貨を稼ぎ出し、一九六七年頃からは乗用車の輸出が急増しています。組立産業が稼働しだしたのです。そして、為替の第一次自由化が行われ、一般国民の（外貨持ち出しは一人千ドルまでという制限付きでしたが）海外旅行が戦後始めて許されました。さらに車の輸出は増加し、一九六九年には乗用車輸出による多大な貿易黒字を背景に第二次為替の自由化が施行され、国民の海外旅行の全面解禁と、生産材製造以外の事業への外貨支払いも解禁されました。つまり、レストランのロイヤルティ支払いも解禁されたのです。

一九七〇年という年は、日本経済が、軽工業復興、重工業復興、組立産業稼働と、国の経済が豊かになっていく、経済史の延長に乗っているのです。基幹産業が確立し、産業が安定し、国が潤って、その後に民生・国民の豊かさがもたらせるのです。戦後の国家経済が復興して、その恩恵として国民生活が豊かになり始めた年なのです。一九七〇年は戦後の国民生活が豊かになり始めた年で、その象徴的用語が外食元年という言葉です。

一九六七年のトヨタ乗用車は千ドル＝三十六万円で輸出されています。国内販売価格は百万円弱でした。ダンピング輸出と書いた商業紙がありましたが、これは物品税・自動車税が国内販売車にはかかっていますが、輸出車にはかかっていないのが大きな要因です。トヨタの乗用車はアメリカでも日本でも小型車になりますが、アメリカ人の心を捉えた商品です。一九七九年にアメリカでアメリカンスピリッツ American spirits アメリカ国民の心について尋ねたところ、一番売れているトヨタ自動車がアメリカ人の望を満たしている。つまりアメリカンスピリッツだとの答えが返って来ました。

国と国との間に種々のトラブルがありますが、為替管理とか為替の自由化がポイントになっている事が多々あります。

マスコミが名付親 ファミリーレストラン

「外食」という用語は、一九七六年頃からマスコミ・新聞などで散見されだしました。それは、ハンバーガーレストラン・マクドナルド、フライドチキンレストラン・ケンタッキーフライドチキン、洋食レストランすかいらーくなど、従来と異なった雰囲気の飲食店が急増して来た時、新聞記事でその違いを読者に伝えるために、新しい用語の必要性が出てきたのです。恐らく戦時中の「外食券」の響きから採用したのでしょう。何故なら、「外食産業」という言葉以外に「外食」の表現が他に見られないからです。

洋食レストランすかいらーくに対して「ファミリーレストラン」という名称もマスコミ用語として作られました。書き手が勝手な解釈で書き、読み手が勝手に解釈して出来た用語です。例えば、ハンバーグステーキを遊園地内の飲食店で食べると、統計では、「外食」ではありませんが、食べた人は「外食」したと思っています。ゴルフ場のクラブの食事も「外食」の統計には入りません。しかし、社員寮で夕飯をすれば、有料の食事で統計的には立派な「外食」です。でも、当人はそうは思っていないはずです。このように「外食」という言葉には皆が納得するような定義がありません。

日本語の定義は、事実上内閣法制局が行っています。国語審議会などでも行いますが、法律用語は内閣法制局の決定には逆らえないのです。日本行政ではほとんどの社会活動が法律で規制され、その規制に基づいて保護育成がなされます。この時法律が他の法律と重なり合わないように、内閣法制局で、各省庁から派遣されている法令審査官の間で調整されます。つまり、法案が出来ると、内閣法制局の法令審査官が、出身省庁へ法案を持ち帰り検討後、再び内閣法制局で了解の上、国会に上程されるのです。そして、法律の第一条か第二条で法律の趣旨と用語の定義が行われています。この時用語の定義が法律として決定されるのです。

しかし、日本には外食、旧来の分類で飲食店を管理・保護・育成する法律は一つもないのです。だから、定義がないのです。飲食業は古今東西、今も昔も、時の権力者に救済を求める風習はありません。また、全体に零細事業なので、財源としての課税の対象にもなっていません。救済の必要も、課税の対象にもならない業界の実態を行政は把握する必然性が全くないのです。

これは、一九八四年の（俗称）風俗営業法の一部改訂の時、国会答弁の中で、「飲食店は風俗営業法の対象外である」との答弁があり、時の総務庁と通商産業省が法律全体を点検をして明白になったのです。

法律はありませんが、農林水産省総合食料局では、飲食店は末端生鮮料品店として、「農林水産省の所轄」と一方的な説明をしています。末端生鮮料品店とは、八百屋、魚屋、肉屋のことです。「外食」は料理と言う商品を販売している小売店です。

世界労働機構ＩＬＯ（Internationa Labour Organization）の職業分類に「レストラン」という職業が載ったのは一九八九年のローマ大会以降です。日本からは経営者代表は社団法人日本フードサービス協会の代表と、労働者代表としてはゼンセン同盟の代表が出席しました。（世界労働機構ＩＬＯは一九一九年のベルサイユ条約で結成されています）。日本でも、世界でも「レストラン」は行政的には限りなく影が薄く透明な存在のようです。世界労働機構の職員や役員が「レストラン」という職業を知らなかった訳ではなく、各国の統計に「レストラン」就業者の実態調査が入っていないので、統計が作れなかったのです。

一九八〇年頃、ファミリーレストランの定義に何人かが挑戦しました。いずれの方もレストランすかいらーくをイメージして作業に入ったはずですが、定義ができて、レストランすかいらーくを検証すると、すかいらーくは他の多くの自称ファミリーレストランとは明らかに異なるのです。レストランすかいらーくをイメージした用語の定義にレストランすかいらーくが該当しないのは、用語の定義の意味がないのと同じです。結局、未だにファミリーレストランの定義はありません。

窓が大きく明るい照明がファミリーレストラン

一九八〇年頃のレストランすかいらーくを意味するファミリーレストランという言葉の響きは、

＊家の近くで（都心や繁華街で無く、郊外に立地して）
＊家族揃って（父親だけの付き合いや社用族で無く、家族主体の）
＊照明が明るく（窓が大きく、外部からも店内が良く見えて）
＊ピカピカの（調度品が常に磨き上げられている）
＊手頃な価格の（高くない、家族４名で三千円位）
＊接客態度が優れている

レストランだったようです。

しかし、ブームにあやかって「我が店は、ファミリーレストラン」と名乗りをあげた中には、首をかしげたくなるような店もあったようです。因みにすかいらーく自身はファミリーレストランとは自称していません。すかいらーくはアメリカの"Coffee《コッフィ》 Shop《ショップ》 Restaurant《レストラン》 Sambo's《サンボス》"をイメージして国立《くにたち》一号店を経営していました。日本に導入されているデニーズ、ビッグボーイもコーヒーショップです。

店舗コンセプトについて、すかいらーくの店舗を数多く設計した、一級建築士の武石馨氏と話してわかったのですが、施主すかいらーくも、設計者武石氏もこれといったコンセプトなしに出来上がった店舗だったようです。照明が明るくということはあったのですが、**「窓が大きく、外部からも店内が良く見える店舗」**というイメージは、設計者の武石氏も私と話をするまで気がついていませんでした。

国立一号店や多店舗展開の始まりである武蔵野九号店（現在は契約満了で廃店）の設計イメージはどのようにして構想されたのでしょう。

武石氏の話では、すかいらーくの経営者と従事者でどのような店にしたいかを自由に話してもらい、武石氏は部屋の片隅で聴いていたそうです。すかいらーく関係者の理想を具現化する一番の難問は建築予算だったそうです。国立一号店は、「ことぶき食品」という乾物屋が営業不振に陥った時に作った店舗です。資金にゆとりがあったはずはありません。

国立一号店は、道路側の壁は**全面ガラス窓**でした。そして、狭い敷地に多くの駐車スペースを確保するためにピロティー（高床式）にして、床下にも自動車を停められるようにしていま

した。そして、店舗の両側の壁は内外装一体の圧縮板でした。屋根は道路に面したガラス窓の部分が高く、片流れの平らな屋根でした。高原のロッジのオシャレ版だったのです。

通常日本での家屋は少なくとも外装材と内装材を使用します。しかし、ガラスは一枚で内外装の役目を果たします。圧縮板も内外装一体です。つまり、建築材料費削減のために内外装一体の店舗をつくったのです。

日本家屋の壁は外装、ルーフィング材（防水シート）、断熱材、内装の構造が一般的です。ガラスには断熱性がありませんから、大きな窓を多用するのでは空調効率が良いとは言えず、運営コストは高くなっています。電気・ガス代が嵩《かさ》みます。多店舗展開のモデル店になった武蔵野九号店は、道路側の壁と駐車場側の壁が全面ガラス窓になっていました。ランニングコストよりも、より安く、より速く、より多くの客席を確保するかの方が優先されたのです。売上至上主義です。

一九七五年頃から急速に多数建てられたレストランすかい

ら一くの店舗を見たマスコミ関係者や同業者が、ファミレスとは窓が大きい店舗と勝手に解釈したようです。当事者は何も発言していません。すかいら一く関係者も設計者も、何も認識していなかったからです。

ファミリーレストランは和製英語で一九八〇年頃はアメリカにはなかった言葉です。現在はアメリカで使用しても理解してもらえます。私の知る限りではロイヤルホストを展開しているロイヤルの会社概要（Getting Acquainted with ROYAL 昭和四十二年）の「昭和四十三年三月に新天町店（福岡市の繁華街）をよりファミリーな店舗へ大改修する」が最初の記述の様です（一九六九年に小倉東映ロイヤルファミリー店が開店しています）。しかし、この記述がファミリーレストランの語源ではないと思います。何故なら、東京のマスコミ関係者が福岡市のレストランの会社概要を見ていたとは考えられません。

レストランのサービス精神

すかいらーくに転職した当初は、たびたび不可解な気分に陥りました。経営者達が訓辞を行っている時「人が人に奉仕する素晴らしさ」についての話が何回もでてきました。私の知識では、飲食業は小売店・商業に分類され、奉仕業・サービス業ではありません。すかいらーくは主たる事業はレストラン経営ですから、商業です。サービス業とは、物を販売せずに知識・技能・労働力を売る職業です。典型的なサービス業は、国家公務員・地方公務員です。彼らは限定した時間内で技能と労働力を提供して勤務しています。それから学校の教員もサービス業です。日本で芸能人と呼ばれている歌手・俳優・業師も歌や芝居や笑いといった物品以外のものが売り物です。

レストランは料理・食事という商品を販売しているので、明らかに物販業です。私は、すかいらーくという集団が、用語の誤解をしていると、一九七八年当時は結論付けました。しかし、すかいらーくの所属する業界団体である社団法人日本フードサービス協会の行事の手伝いなどを通じて、レストランに従事している皆さんとお話していく内に、レストランを経営してる人、多分全員が、レストランをサービス業と思い込んでいる事がわかり、驚きました。

相互に誤解が出ないように、学者は言葉を定義付け、学術用語として使用します。行政は法律で使用する用語を、第一条か第二条で定義して使用します。そうした公けの用語の定義では明らかに物販業に分類されるレストランが、用語を自由に使用している民間ではサービス業と思い込まれています。

国家公務員は、サービス精神が一番欠落していると揶揄《やゆ》されていますが、公式の職業分類では、サービス業です。

それでは、レストラン業＝サービスという業界人の意識はどこから来るのでしょうか。レストランの仕事から見てみます。レストランでは料理の劣化が速いので、厨房で調理盛り付けをし、フロアーの接客員がお客様に提供します。飲食の場所の管理や食器の洗浄を含めて短時間にそれらをこなしています。公の職業分類では小売店ですが、レストランでは食品製造、接客業、メンテナンスを同時に行っており、レストラン従事者はその中の接客業部分を重視して、自分達はサービス業と思っているのです。

日本の外食市場と“外食”の定義

外食産業の構造は図　外食産業市場規模推定値のようになっています。この図は農林水産省が行政に使用するだろうと思われる広義の外食として、著者が作成したもので、元のデーターは、農林水産省総合食料局の認可団体である財団法人外食産業総合調査研究センター（以下外総研と略します）が毎年四月下旬に公表しているものです。

この調査は日本経済新聞社の日経流通新聞も参画しています。言い換えると、農林水産省使用の広義の外食も、外総研の外食産業規模推計値も、日経流通新聞も同じ調査結果を使用していますが、外食の定義の仕方の違いで、外食産業規模が異なると言う事です。結論から言いますと、二〇〇五年の、広義の外食は二十九・七兆円。外総研の外食産業規模推計値は二十四・二兆円。日経流通の外食産業規模推計値は二十七・一兆円です。

まず、外総研の外食の定義の趣旨は「有料の食事。そのまま食べられる。喫食施設がある。入場制限が無い。」で図の給食主体部門と料飲主体部門の合計。日経流通新聞は「有料の食事。

そのまま食べられる。入場制限が無い。遊興に附属するものを除く。」でこの図から、バー・キャバレー・ナイトクラブなどを除いたもの。広義の外食はその両方含んだ範囲。給食主体とは食事供給を主体にしている飲食業。料飲主体とはホテルの料飲部門のように飲料・食事の供給が主体の飲食業です。

料理品小売業とは、その店で販売された料理の過半がその店以外で食べられている店の事です。しかし、この図には多くの方々が外食と考えている大きい部分が入っていません。それは入場制限のある場所の飲食店です。具体的には鉄道構内の立ち食いソバ類や野球場など入場料の必要な設備内の飲食店や遊園地内のレストラン・飲食店や有料道路に付属するパーキングエリアの飲食店です。東京ディズニーランドや東京ドームの飲食店は外食の範囲に入らないのです。さらにほかほか弁当は料理品小売業に入っています。大手は入っていますが、中小のコンビニエンスストァの弁当は入っていません。また持ち帰り寿司は料理品小売業ですが、デパートやスーパーの地下の寿司は外食の統計の外です。

まず外総研は「作ったその場で、喫食設備を利用して食べさせる食事」の販売です。統計では、購入した食事をその店内で食べた客が五〇％以上だと飲食店へ、持ち帰り客が五〇％以上であれば、料理品小売業に分類する事になっています。日本人に認知度が高い、マクドナルドの約二〇％ドライブスルー店は料理品小売業、残りの八〇％はその他の飲食店に分類され、ケ

図　2005年外食産業市場規模推計値

資料　（財）外食産業総合調査研究センター平成18年4月公表レリーフより
図作成　2006年8月村本信幸

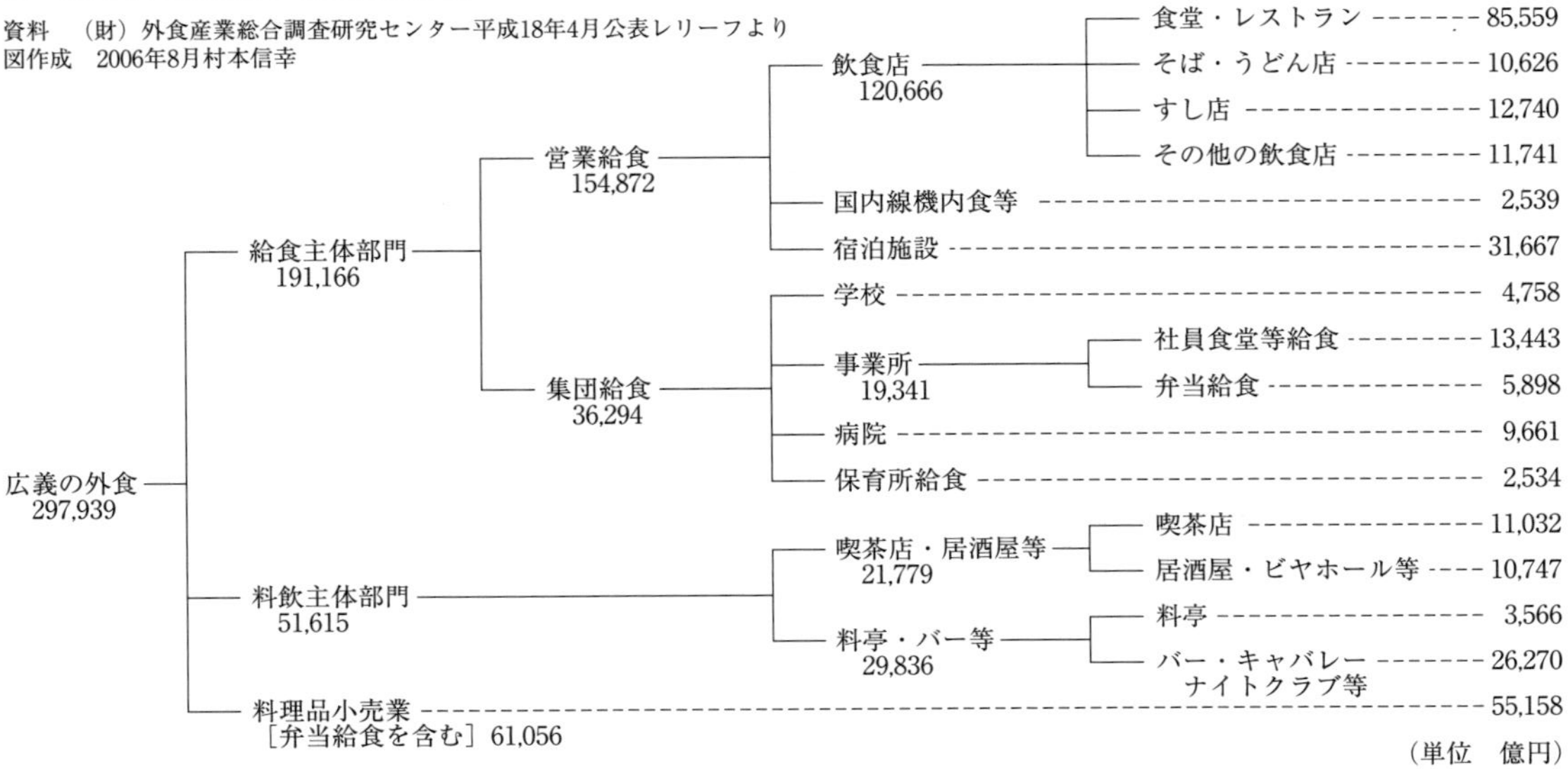

注1)　売上高のうち、持ち帰り比率が過半の店は、料理品小売業に分類されている。
2)　料理品小売業の中には、スーパー、百貨店にテナントとして営業している売上高は計上されているが、直接販売している売上高は含まれない。また、コンビニエンスストアの売上高の内、回答があった約1/3程度は含まれる
3)　外食産業の分類は、基本的には日本標準産業分類に準拠している。
4)　外食は：「有料の食事。ただし、食べるときに何らかの操作が必要な物を除く。入場制限のあるものを除く」
操作が必要とは、缶詰・レトルトの開封、冷凍弁当の解凍、カップ麺の注湯等。入場制限とは遊園地・野球場内のような入場料が必要な場所、高速道路内や鉄道施設内にある店舗。

ンタッキー・フライド・チキンは逆に二〇％がその他の飲食店、八〇％が料理品小売業に分類されるのです。統計上の学問的規約に新聞社が異論を唱える事はできません、しかし、同じ店名で同じ商品を販売している店を、ここは飲食店、こちらは料理品小売業と新聞に書くことができないので、全体を外食と判断して新聞記事を書いているのです。

一九八〇年頃にバーで飲んだ客が、ウィスキー代が原価の二〇倍以上高いのは暴利として最高裁まで戦い、バー・キャバレー・ナイトクラブなどでの価格は遊興等雰囲気の価格も含めたものでウィスキーだけの価格ではないと結審したのです。それ以降日経流通新聞ではこの部門を外食から外しているのです。この判決以前はバー・キャバレー・ナイトクラブ等も日経流通新聞は飲食店としていましたので、一九七五年頃の売上高一位はキャバレーでした。そして入場制限のある場所の飲食店を含めると約三十八兆円が日本の外食産業市場規模推定値で、定義により全て正しい数字なのです。多くの日本人は日本経済新聞にも記載されている二十七兆円を日本の外食規模と思っています。それは他の機関が発行する部数合計の百倍以上多くの部数を発行しているからです。入場制限のある飲食店まで含めて推定していた週刊業界誌は一冊二六〇〇円もします。ほとんどの人は見たこともなく聞いたこともないと思います（現在は、この週刊誌は、統計を取っていません）。

私の外食の定義は「有料の食事。ただし食べる人が通常何らかの操作をする物を除く」です。

近い将来は入場制限のある場所を除くの付帯用語をつける事になるでしょう。何らかの操作とは、カップ麺はお湯を注ぐ必要があり、冷凍の弁当も解凍の必要があり、缶詰は開缶の必要があります。レトルト食品も開封の必要があります。外食の定義では小売料理品を買ってきて、皿へ他の食材と一緒に盛り付けるとこの小売料理品は外食でなく、普通の食材の扱いになります。しかし、販売以後どのように食べられているかの追跡調査はできないので、販売時で、料理品小売として統計は取られます。

ちなみに。アメリカの外食の推定値には無料の食事が推計されています。本来無料の食事は外食ではありません。しかし、宗教の慈善事業として、貧困者に無料の食事が多数与えられています。アメリカの外食市場規模推計値の一割ほどあり無視出来ないのです。徴兵制度でない軍隊の食事は事業所給食になります。自衛隊の食事も事業所給食です。学校の集団給食や、孤児院の集団給食は、当人はお金を支払っていませんが、親権者や自治体が食事代を支払っていますから、有料の食事になります。

外食の定義がバラバラなのは、外食が徴税の対象でも、保護育成の対象でもないからです。

著者略歴

村本信幸（むらもと　のぶゆき）

1943年　旧満州大連に生まれる

1968年　東京大学理学系前期専門課程修了　理学修士

同　年　東洋紡績㈱　入社

中央研究所　建材、活性炭化繊維の研究の後、1977 年東京支店総務部部長付技術渉外担当、未来技術探索担当。

1978年　㈱すかいらーく　入社

企画課にて株式公開のための工場原価方法の策定、物流システム、用地買収、USA サンボスの技術移転などを担当。

1979年　㈱サンボス設立（1979 年に株式会社ジョナスへ商号を変更）に伴い移籍

開業メニュー、仕入、労務、経理担当、コンピューターシステムの立ち上げ、すかいらーく子会社管理ルールの作成を手がける。

1983年　㈱すかいらーくへ復帰　社長室付

すかいらーく役員会事務を担当の傍ら、（社）日本フードサービス協会会長補佐など外部団体の活動に助力し、（財）すかいらーくフードサイエンス研究所の設立に参加

1987～2004年　私塾すかいらーくアカデミー講師（外食産業論）

1988～2003年　（財）すかいらーくフードサイエンス研究所専務理事

2003年　定年退職

現在、外食産業関連紙誌への寄稿、埼玉女子短期大学，城西大学にて外食産業論の講演など、外食産業の理解の普及に尽力。

なるほど納得　ザ 外食物語

2006年11月30日　　初版第1刷発行

著　者　村　本　信　幸
発行者　桑　野　知　章
発行所　株式会社　幸　書　房

〒101-0051　東京都千代田区神田神保町3-17
TEL 03-3512-0165　FAX 03-3512--0166
http: //www. saiwaishobo. co. jp

Printed in Japan

印刷／三美印刷

ISBN4-7821-0271-2　C0063